¡Así se dice!

Glencoe Spanish 1B

Workbook and Audio Activities

Conrad J. Schmitt

McGraw Hill Glencoe

Contenido

REPASO A

Amigos, alumnos y parientes

Vocabulario

A Complete with an appropriate word.

1. Fernando Suárez es de México. Él es _____.

2. Fernando es _____ en un colegio en Guadalajara.

3. Graciela es de Guadalajara también. ¿De qué _____ es ella?

4. Graciela es _____ también.

5. Graciela y Fernando son alumnos en la _____ escuela.

6. Fernando y Graciela no son hermanos. Son _____.

B Identify each room.

1. _____

2. _____

3. _____

4. _____

5. _____

C Write a paragraph describing your family or an imaginary family.

_____

_____

_____

_____

_____

_____

Gramática

Presente del verbo **ser**

A Answer each question.

1. ¿De qué nacionalidad eres tú?

   _____

2. ¿De dónde eres?

   _____

3. ¿Dónde eres alumno(a)?

   _____

4. ¿Cómo son tus cursos?

   _____

5. ¿Cómo son los alumnos de tu escuela?

   _____

6. ¿Cómo es tu profesor(a) favorito(a)?

   _____

B Complete with the correct form of the present tense of **ser**.

1. María _____ de México.
2. ¿De dónde _____ tú, Juan?
3. Yo _____ de Puerto Rico.
4. ¿De dónde _____ Pilar y Rosa?
5. Pilar _____ de Ponce y Rosa _____ de San Juan.
6. Nosotras _____ de Puerto Rico.
7. ¿De dónde _____ ustedes?

Sustantivos, artículos y adjetivos

C Complete with **el, la, los,** or **las.**

1. _____ alumnos estudian en _____ Escuela San Martín, en Buenos

   Aires, _____ capital de Argentina.

2. _____ clases en _____ Colegio Ponce son en inglés y en español.

   _____ profesor de inglés es _____ señor Wilson. _____

   profesora de español es _____ señorita Gálvez.

D Rewrite in the plural.

1. Ella es mexicana.

   _____

2. El alumno es simpático.

   _____

3. La muchacha es rubia y alta.

   _____

4. La asignatura es interesante.

   _____

5. El curso es fácil.

   _____

El verbo **tener**

E Complete with the correct form of the present tense of **tener.**

1. Mi familia _____ una casa muy grande en San José, Costa Rica.

2. La casa _____ ocho cuartos.

3. También hay un garaje porque mis padres _____ dos carros.

4. Yo _____ un hermano y una hermana.

5. Mi hermana Susana _____ quince años y mi hermano David _____ trece años.

6. Nosotros también _____ dos gatos adorables.

7. ¿Tú _____ un gato?

8. ¿_____ ustedes una casa o un apartamento?

F Answer each question.

1. ¿Tienes un hermano o una hermana?

   _____

2. ¿Cuántos años tiene él o ella?

   _____

3. ¿Y cuántos años tienes tú?

   _____

4. ¿Tienes un perro o un gato?

   _____

5. En tu casa, ¿quién tiene que preparar la comida?

_____

6. ¿Tienes que trabajar mucho en la escuela?

_____

7. ¿Qué tienen ustedes que leer en la clase de español?

_____

Adjetivos posesivos

G Complete the conversations according to the model.

MODELO   los libros / Pablo →
—Pablo, ¿tienes tú mis libros?
—No, no tengo tus libros.

1. la bicicleta

—Jorge, ¿_____?

—_____

2. las revistas

—Sara, ¿_____?

—_____

3. el periódico

—Pepe, ¿_____?

—_____

4. los discos

—Lupe, ¿_____?

—_____

H Write sentences according to the model.

MODELO   El padre de Sonia / generoso →
Su padre es generoso.

1. el primo de Sonia / simpático

_____

2. la amiga de Sonia / tímida

_____

3. el profesor de Sonia y Eduardo / bueno

_____

4. la abuela de Sonia y José / fantástica

_____

5. los tíos de Sonia y José / serios

_____

I Complete with the correct form of **nuestro**.

1. _____ escuela está en la calle Potosí.

2. En general, _____ profesores son simpáticos.

3. _____ clases no son difíciles.

4. _____ cursos son bastantes interesantes.

5. _____ Club de español da muchas fiestas.

Integración

¡A escribir más!

A En un párrafo, describe a un(a) amigo(a) bueno(a).

_____

_____

_____

_____

B En un párrafo, describe tus clases.

_____

_____

_____

_____

C En un párrafo, describe a tu familia.

_____

_____

_____

_____

D En un párrafo, describe tu casa o apartamento.

_____

_____

_____

_____

En casa y en la escuela

Vocabulario

A Complete with an appropriate word.

1. Los alumnos estudian mucho en la _____.

2. Ellos prestan _____ cuando el _____ habla.

3. Una _____ levanta la _____ cuando tiene una _____.

4. Unos alumnos van a casa a pie y otros toman el _____.

5. El muchacho ve la _____ y su hermano lee un _____.

6. Ella tiene un MP3 y escucha _____.

7. Yo navego el Internet en la _____.

8. Recibo muchos _____ electrónicos.

B Describe the family.

_____
_____
_____
_____

C Complete with an appropriate question word.

1. El alumno va a la escuela en el bus escolar.

   a. ¿_____ va a la escuela?

   b. ¿_____ va el alumno?

   c. ¿_____ va el alumno a la escuela?

2. La alumna habla con el profesor en la sala de clase a las ocho.

   a. ¿_____ habla con el profesor?

   b. ¿Con _____ habla la alumna?

   c. ¿_____ habla la alumna con el profesor? ¿En el bus?

   d. ¿_____ habla la alumna con el profesor? ¿A las ocho?

3. El profesor enseña español y los alumnos estudian.

   a. ¿_____ enseña?

   b. ¿_____ enseña el profesor?

   c. ¿_____ estudian?

Gramática

Presente de los verbos regulares

A Complete with the correct present tense form of the indicated verb.

1. Los alumnos _____ a la escuela a las ocho. (llegar)
2. ¿A qué hora _____ tú a la escuela? (llegar)
3. Yo _____ el bus escolar a la escuela. (tomar)
4. ¿_____ ustedes el bus escolar también? (tomar)
5. Nosotros _____ mucho. (estudiar)
6. La profesora _____ español. (enseñar)
7. Los alumnos _____ a la profesora y _____ apuntes. (escuchar, tomar)
8. ¿_____ tú muchos exámenes? (tomar)
9. ¿Quiénes _____ buenas notas? (sacar)
10. ¿_____ ustedes atención en la clase? (prestar)

B Complete with the correct present tense form of **comer**.

1. Mi amigo _____ en la cafetería de la escuela.
2. Yo _____ en el café.
3. Mis padres _____ en el restaurante.
4. ¿_____ tú en el comedor o en la cocina?
5. Nosotros _____ en el comedor.
6. Y ustedes, ¿dónde _____?

C Complete with the correct present tense form of **vivir**.

1. Yo _____ en la calle Bolívar.
2. Nosotros _____ en una casa.
3. Mis abuelos _____ en la misma casa.
4. Mi amigo _____ en una casa en la misma calle.
5. Mi hermana _____ en un apartamento.
6. ¿Dónde _____ tú?

D Answer each question as indicated.

1. ¿Qué comes en la cafetería de tu escuela? (pollo y ensalada)

_____

2. ¿Qué beben tú y tus amigos cuando están en un café? (refrescos)

_____

3. ¿Qué leen ustedes cuando están en el café? (el menú)

_____

4. ¿Quién escribe la orden? (el mesero)

_____

5. ¿Qué aprendes en la escuela? (español)

_____

6. En la clase de español, ¿leen ustedes mucho? (sí)

_____

7. ¿Qué escriben los alumnos en la clase de español? (composiciones)

_____

8. ¿Comprendes al profesor o a la profesora cuando él o ella habla? (sí)

_____

Los verbos **ir, dar, estar**

E Answer each question.

1. ¿Dónde estás ahora?

_____

2. ¿Cómo vas a la escuela?

_____

3. ¿Van tus amigos en el bus escolar?

_____

4. ¿Está el/la profesor(a) en la clase?

_____

5. ¿Da él/ella muchos exámenes?

_____

F Complete with the correct present tense form of the indicated verb.

1. Beatriz _____ una fiesta. (dar)
2. Yo _____ a la fiesta. (ir)
3. Felipe _____ también. (ir)
4. Nosotros _____ en carro. (ir)
5. Marta y Elena _____ en la fiesta. (estar)
6. Todos nosotros _____ y _____. (bailar, cantar)

Integración

¡A escribir más!

A En un párrafo, escribe algunas cosas que tú y tus amigos hacen en la escuela.

_____
_____
_____
_____

B En un párrafo, escribe algunas cosas que tú y tus amigos hacen en una fiesta.

_____
_____
_____
_____

C En un párrafo, describe una visita a un café.

_____
_____
_____
_____

C

Los deportes

Vocabulario

A Identify each item.

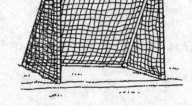

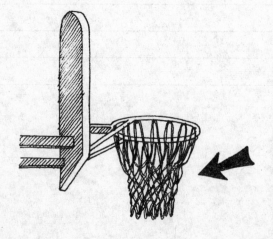

1. _____   2. _____   3. _____

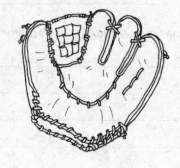

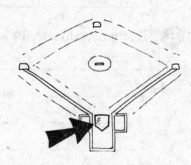

4. _____   5. _____   6. _____

7. _____   8. _____

SAN MIGUEL 12

JUAREZ 9

B Complete with an appropriate word.

1. El portero bloquea el _____. No entra en la portería.

2. Hay cinco jugadores en un equipo de _____.

3. El jugador de béisbol corre de una _____ a otra.

4. El jugador de básquetbol mete el balón en el _____.

5. La jugadora de béisbol _____ la pelota con el guante.

6. El jugador de fútbol mete un _____. Marca un tanto.

7. El jugador de básquetbol _____ con el balón.

8. El jugador de tenis golpea la pelota. La pelota pasa por encima de la

   _____.

C Answer each question.

1. ¿Cuántos equipos juegan en un partido de fútbol?

   _____

2. ¿Cuántos tiempos hay en un partido de fútbol?

   _____

3. ¿Quién guarda la portería?

   _____

4. ¿Qué marca el equipo que mete un gol?

   _____

5. ¿Quiénes aplauden cuando un equipo mete un gol?

   _____

D Answer each question.

1. ¿Cuál es tu equipo de béisbol (fútbol, básquetbol) favorito?

   _____

2. ¿Cuántos jugadores hay en el equipo?

   _____

3. ¿Dónde juegan?

   _____

4. ¿Ganan siempre?

   _____

Gramática

Verbos de cambio radical

A Complete with the correct present tense form of the indicated verb.

1. El partido de fútbol _____ a las siete y media. (empezar)

2. Yo no _____ llegar tarde al estadio. (querer)

3. ¿_____ tú llegar a tiempo? (poder)

4. Los jugadores _____ muy bien. (jugar)

5. El equipo _____ al campo para jugar el segundo tiempo. (volver)

6. Un jugador _____ meter un gol pero no _____. (querer, poder)

7. El equipo no _____. (perder)

8. ¿_____ ustedes ir con nosotros o tomar el bus? (preferir)

B Rewrite in the singular (**yo**).

1. Nosotros podemos ir al campo de fútbol.

_____

2. Nosotros preferimos ir a pie.

_____

3. Nosotros queremos jugar.

_____

4. Nosotros jugamos.

_____

5. Nosotros volvemos en bus.

_____

C Write two things that you want to do but cannot do because you have to do something else.

1. _____

2. _____

D Rewrite the sentences from **Actividad C** in the plural (**nosotros**).

1. _____

2. _____

Verbos como **aburrir**, **interesar** y **gustar**

E Complete with the correct present tense form of the indicated verbs.

ANTONIO   ¿Quieres ir a ver el partido de básquetbol?

MARTA   No, gracias, Antonio, no _____ el básquetbol.
1
(gustar)

ANTONIO   ¿_____ el fútbol? (gustar)
2

MARTA   No, Antonio. No _____ el fútbol. (interesar)
3

ANTONIO   ¿Por qué no _____ los deportes? (gustar)
4

MARTA   Los deportes _____. (aburrir)
5

ANTONIO   Entonces, ¿qué _____ hacer? (gustar)
6

MARTA   _____ leer. _____
7   8
mucho la literatura. (gustar, interesar)

F Indicate if the following interest you or bore you.

1. los deportes

_____

2. el arte

_____

3. jugar al béisbol

_____

4. la informática

_____

5. leer revistas

_____

6. las fiestas

_____

7. la historia

_____

8. ver partidos de fútbol

_____

Integración

¡A escribir más!

A En un párrafo, describe tu deporte favorito.

_____

_____

_____

_____

B En un párrafo, describe las cosas que te gustan y las actividades que te gusta hacer.

_____

_____

_____

_____

REPASO A — Amigos, alumnos y parientes

Vocabulario

Actividad A Listen and repeat.

Actividad B Listen and choose.

	sí	no
1.	☐	☐
2.	☐	☐
3.	☐	☐
4.	☐	☐
5.	☐	☐
6.	☐	☐
7.	☐	☐
8.	☐	☐

Actividad C Listen, look, and answer.
1. dominicana
2. la República Dominicana
3. baja y morena
4. un colegio privado

Actividad D Listen and answer.

Conversación

Actividad A Listen.

Actividad B Listen and choose.

	sí	no
1.	☐	☐
2.	☐	☐
3.	☐	☐
4.	☐	☐
5.	☐	☐

Actividad C Listen and write.

1. _____

2. _____

Gramática

Actividad A Listen and choose.

1. a   b   c
2. a   b   c
3. a   b   c
4. a   b   c
5. a   b   c
6. a   b   c

Actividad B Listen and answer.

Actividad C Listen and choose.

1. a   b   c
2. a   b   c
3. a   b   c
4. a   b   c

Actividad D Listen and answer.

Actividad E Listen and choose.

1. a   b
2. a   b
3. a   b
4. a   b
5. a   b

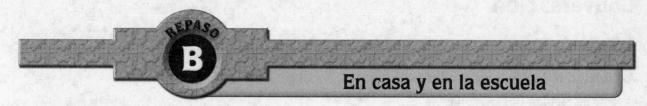

En casa y en la escuela

Vocabulario

Actividad A Listen and repeat.

Actividad B Listen and choose.

	sí	no
1.	☐	☐
2.	☐	☐
3.	☐	☐
4.	☐	☐

Actividad C Listen, look, and answer.

1. el bus
2. sus amigos
3. sí
4. la mano
5. notas buenas
6. los profesores, los alumnos

Actividad D Listen and choose.

	casa	escuela
1.	☐	☐
2.	☐	☐
3.	☐	☐
4.	☐	☐
5.	☐	☐
6.	☐	☐
7.	☐	☐

Conversación

Actividad A Listen.

Actividad B Listen, read, and choose.

   a. Hablan dos personas.

   b. Hablan tres personas.

   c. Para Claudia la escuela es un poco difícil este año porque tiene seis cursos y tiene que estudiar bastante.

   d. Paco también tiene seis cursos.

   e. Sara y Enrique son amigos de Paco.

   f. Sara y Enrique no viven en la misma casa que antes.

Gramática

Actividad A Listen and answer.

Actividad B Listen and choose.

   1. a   b   c
   2. a   b   c
   3. a   b   c
   4. a   b   c
   5. a   b   c
   6. a   b   c
   7. a   b   c

Actividad C Listen and choose.

   1. a   b   c
   2. a   b   c
   3. a   b   c
   4. a   b   c
   5. a   b   c
   6. a   b   c

Actividad D Listen and answer.

Actividad E Listen and choose.

	sí	no
1.	☐	☐
2.	☐	☐
3.	☐	☐
4.	☐	☐
5.	☐	☐

Actividad F Listen and choose.

1. a   b   c
2. a   b   c
3. a   b   c
4. a   b   c
5. a   b   c

Los deportes

Vocabulario

Actividad A Listen and repeat.

Actividad B Listen and choose.

	sí	no
1.	☐	☐
2.	☐	☐
3.	☐	☐
4.	☐	☐
5.	☐	☐
6.	☐	☐
7.	☐	☐
8.	☐	☐

Actividad C Listen and answer.

Conversación

Actividad A Listen.

Actividad B Listen and choose.

	sí	no
1.	☐	☐
2.	☐	☐
3.	☐	☐
4.	☐	☐
5.	☐	☐

Gramática

Actividad A Listen and choose.

1. a   b   c
2. a   b   c
3. a   b   c
4. a   b   c
5. a   b   c

Actividad B Listen and speak.

Actividad C Listen and speak.

Actividad D Listen and speak.

El bienestar

El bienestar

Vocabulario ❶

A Answer each question.

1. Anita acaba de recibir una A en todos sus cursos. ¿Cómo está Anita? ¿Está contenta o triste?

   _____

2. José está de buen humor. ¿Cómo está? ¿Está contento o enojado?

   _____

3. Y ahora José está de mal humor. ¿Cómo está? ¿Está contento o enojado?

   _____

4. ¿Cuándo tiene la muchacha una sonrisa en la cara? ¿Cuándo está de buen humor o de mal humor?

   _____

5. Julia tiene un buen sentido de humor. ¿Es ella muy seria o bastante graciosa?

   _____

6. Cuando Pablo tiene una opinión no cambia de opinión. ¿Cómo es él? ¿Es terco o flexible?

   _____

7. El niño tiene mal comportamiento. ¿Te gusta o te enfada su comportamiento?

   _____

8. Ella es bien educada. ¿Tiene buenos o malos modales?

   _____

B Match the words that mean the same.

1. _____ conducta   **a.** obstinado
2. _____ tener éxito   **b.** enfadado
3. _____ enojado   **c.** muy triste
4. _____ contento   **d.** comportamiento
5. _____ terco   **e.** tener buenos resultados
6. _____ deprimido   **f.** alegre

C Complete with an appropriate word.

1. José tiene un problema. Está _____ y está de _____ humor.

2. Felipe está muy _____ porque acaba de recibir una nota buena en español.

3. Su amiga al contrario está _____ porque acaba de recibir una nota mala.

4. Ella tiene una _____ en la cara. Está de buen humor.

5. Él siempre está lleno de energía. Es un tipo muy _____.

6. A Elena le falta paciencia. Es muy _____.

7. Tomás no tiene energía. Está _____. Necesita una siesta.

D Rewrite changing the italicized word or phrase to a word or phrase with the same meaning.

1. Su *conducta* me molesta. No me gusta.

   _____

   _____

2. ¡Qué bárbaro! Ella siempre tiene *buenos resultados*.

   _____

   _____

3. Ellos están *contentos*.

   _____

4. Los otros están *muy tristes*.

   _____

5. Carlos está *enojado*.

   _____

6. Me *enfada*.

   _____

7. Él es *muy obstinado*.

   _____

E Answer each question.

1. Elena está muy contenta. ¿Por qué?

_____

2. El pobre José. Está bastante triste. ¿Por qué?

_____

3. ¿Está de mal humor tu amigo? ¿Por qué?

_____

4. Después de ocho horas de trabajo, ¿cómo está ella?

_____

5. ¿Qué quiere tener una persona ambiciosa que trabaja o estudia mucho?

_____

6. Él molesta o enfada a mucha gente. ¿Por qué? ¿Qué tipo de comportamiento tiene?

_____

7. Ella es muy bien educada. ¿Qué tiene?

_____

F Write a word that means the same.

1. lleno de energía _____

2. calmo _____

3. contento _____

4. muy triste _____

5. enojado _____

6. terco _____

7. conducta _____

G Use each word you wrote in Activity F in an original sentence.

1. _____

2. _____

3. _____

4. _____

5. _____

6. _____

7. _____

Vocabulario ❷

Ⓐ Indicate whether the information makes sense or not.

	sí	no
1. Enrique tiene que guardar cama porque necesita un examen físico.	☐	☐
2. Él está nervioso porque tiene mucho estrés.	☐	☐
3. El médico le da un examen físico.	☐	☐
4. Un enfermero trabaja con el médico.	☐	☐
5. Pablo abre la boca porque tiene dolor de cabeza.	☐	☐
6. María abre la boca y el médico le examina la garganta.	☐	☐
7. El médico le da una receta porque tiene tos y tiene fiebre también.	☐	☐
8. Quiere comer porque tiene dolor de estómago.	☐	☐

Ⓑ Indicate whether the person is well or sick.

	bien	enferma
1. Todo está normal.	☐	☐
2. Abre la boca y come.	☐	☐
3. Tiene fiebre.	☐	☐
4. Le duele la cabeza.	☐	☐
5. Tiene tos.	☐	☐
6. Está lleno de energía.	☐	☐

Ⓒ Complete with an appropriate word.

1. El joven está en la _____ del médico porque

   necesita un examen _____.

2. Ella tose mucho. Tiene _____.

3. Tiene la temperatura elevada. Tiene _____.

4. El muchacho _____ la boca y el médico le examina la

   _____.

5. Él no está bien. Está _____.

6. Él tiene la tensión arterial alta. No está _____.

7. El pobre Carlos está muy enfermo y tiene que _____ cama.

8. Carolina va a la farmacia con la _____ que le da el médico.

D Write two sentences about each place.

la consulta de médico

1. _____

2. _____

la farmacia

3. _____

4. _____

E Rewrite changing the italicized word or phrase to a word or phrase with the same meaning.

1. Ella tiene *la temperatura elevada*.

   _____

2. Él *no está bien*.

   _____

3. El médico le *examina*.

   _____

4. Tiene que *pasar días en* cama.

   _____

5. *Le duele la* cabeza.

   _____

6. *Le duele el* estómago.

   _____

7. El médico *le da una receta para* una medicina.

   _____

8. Venden *medicamentos* en la farmacia.

   _____

   _____

F Answer each question.

1. Enrique quiere jugar con el equipo de fútbol de su escuela. ¿Qué necesita?

   _____

   _____

2. ¿Por qué va una persona a la consulta de un médico?

   _____

   _____

3. ¿Por qué abre el paciente la boca?

   _____

   _____

4. José tiene mucho calor. ¿Por qué?

   _____

   _____

5. ¿Por qué tiene dolor de cabeza Teresa?

   _____

   _____

6. ¿Por qué le da el médico una receta a Julia?

   _____

   _____

7. ¿Por qué va Julia a la farmacia?

   _____

   _____

8. ¿Qué le venden a Julia en la farmacia?

   _____

   _____

Gramática

Ser y estar

A Choose the correct verb.

1. Ella (es, está) ambiciosa.

2. Ella (es, está) de buen humor.

3. Ella (es, está) contenta.

4. Él (es, está) muy nervioso y tiene dolor de cabeza.

5. Él no (es, está) bien. (Es, Está) enfermo.

6. José, ¿por qué (eres, estás) triste? ¿Qué te pasa?

7. Ella trabaja mucho y (es, está) cansada.

B Answer each question.

1. ¿Es de México el muchacho? Y, ¿de dónde es su amigo?

   _____

   _____

2. ¿Ahora, está en la Florida el muchacho? Y, ¿dónde está su amigo?

   _____

   _____

3. ¿De dónde es el muchacho y dónde está ahora? ¿De dónde es su amigo y dónde está ahora?

   _____

   _____

4. ¿De dónde eres? ¿Dónde estás ahora?

   _____

5. ¿En qué calle está tu casa?

   _____

6. ¿Está cerca o lejos de tu casa la escuela?

   _____

7. ¿En qué ciudad o pueblo está tu escuela?

   _____

C Write sentences using words from each column.

Felipe	es	nervioso
Gloria	está	muy inteligente
		simpático
		enfermo
		serio
		contento
		triste

1. _____

2. _____

3. _____

4. _____

5. _____

6. _____

7. _____

D Look at the maps. The first map tells where the person is from. The second map tells where the person is right now. Write a sentence telling where the person is from and where he/she is now. Use **ser** and **estar**.

1. Yo _____

_____.

2. Alberto y Lola _____

_____

_____.

3. Isabel _____

_____

_____.

4. Nosotros _____

_____

_____.

E Complete with the correct form of **ser** or **estar**.

Rubén y Marisol _____1_____ enfermos. Rubén no tiene energía.

_____2_____ muy cansado. _____3_____ triste. Y Marisol tiene tos.

Su garganta _____4_____ muy roja. La mamá de Rubén y Marisol

_____5_____ muy nerviosa. Pero su médico _____6_____ muy

bueno. El doctor Rodríguez exámina a Rubén y a Marisol. El médico habla:

—Ustedes no _____7_____ muy enfermos. Tienen la gripe. Tienen que

guardar cama y beber agua. El agua _____8_____ buena para la salud.

Ahora todos _____9_____ muy contentos y los padres no

_____10_____ nerviosos. No _____11_____ nerviosos porque Rubén

no _____12_____ muy enfermo y Marisol no _____13_____ muy

enferma. Dentro de poco, sus hijos van a _____14_____ muy bien.

F Complete with the correct form of **ser** or **estar**.

Ángel _____1_____ un amigo muy bueno. _____2_____ muy

atlético y _____3_____ muy inteligente. Además _____4_____

sincero y simpático. Casi siempre _____5_____ de buen humor. Pero hoy no. Al

contrario, _____6_____ de mal humor. _____7_____ muy cansado y

tiene dolor de cabeza. _____8_____ enfermo. Tiene la gripe.

_____9_____ en casa. _____10_____ en cama.

La casa de Ángel _____11_____ en la calle 60. La calle 60

_____12_____ en West New York. West New York no _____13_____ en

Nueva York. _____14_____ en Nueva Jersey. Pero la familia de Ángel no

_____15_____ de West New York. Sus padres _____16_____ de Cuba y

sus abuelos _____17_____ de España. Ellos _____18_____ de Galicia,

una región en el noroeste de España. Galicia _____19_____ en la costa del

Atlántico y del mar Cantábrico. Ángel tiene una familia internacional.

Pero ahora todos _____20_____ en West New York y _____21_____

contentos. Muchas familias en West New York _____22_____ de ascendencia

cubana. El apartamento de la familia de Ángel _____23_____ muy bonito.

_____24_____ en el tercer piso y tiene una vista magnífica de la ciudad de

Nueva York.

G Complete with the correct form of **ser** or **estar**.

1. Él _____ muy obstinado. Es una persona difícil.

2. No le puedo hablar hoy. _____ muy obstinado y agresivo también.

3. En general ella _____ bastante seria pero hoy _____ muy graciosa.

4. José, ¿en qué piensas? _____ muy serio hoy.

Los pronombres **me, te, nos, le, les**

A Complete with **me** or **te**.

—Sergio, ¿dónde _____ duele?
             1

—¿Dónde _____ duele? Ay, doctor. _____ duele todo. _____ duele la cabeza. _____
             2   3   4   5
duele la garganta.

—Muy bien, Sergio. No es serio. _____ voy a examinar. ¿_____ permites?
                                      6   7

B Choose the correct pronoun.

1. A mí (me, le) gusta mucho pero a Juan no (te, le) gusta.

2. El médico (me, le) habla y yo (me, le) hablo al médico.

3. El médico (me, le) examina la garganta pero yo no (me, le) examina la garganta.

4. Yo (nos, les) hablo a mis amigos.

C Complete with the correct pronoun.

1. Mi madre _____ habla. Ella _____ habla a mis hermanos también. Ella _____ da
   (a todos nosotros) buenos consejos (advice).

2. El médico _____ habla a su paciente. _____ examina el estómago. _____ da su

   diagnóstico. Su condición no es grave pero _____ da una receta para una medicina

   para aliviar el dolor. El paciente va a la farmacia y _____ da la receta al farmacéutico.

   El farmacéutico _____ vende los medicamentos que su médico _____ receta.

D Rewrite Number 2 in Activity C and change *a su paciente* to *a sus pacientes* in the first line.
Make all other necessary changes.

_____

_____

_____

_____

_____

Integración

¡A leer más!

A Read the following selection about nutrition and good health.

Comer bien

Es muy importante comer bien para mantener la salud. Cada día debemos comer una variedad de vegetales, frutas, granos y cereales y carnes o pescado.

Calorías El número de calorías que necesita o requiere una persona depende de su metabolismo, de su tamaño[1] y de su nivel[2] de actividad física. Los adolescentes necesitan más calorías que los ancianos o viejos. Requieren más calorías porque son muy activos y están creciendo[3]. Una persona anciana de tamaño pequeño con un nivel bajo de actividad física requiere menos calorías.

Proteínas Las proteínas son especialmente importantes durante los períodos de crecimiento. Los adolescentes, por ejemplo, deben comer comestibles o alimentos ricos[4] en proteínas porque están creciendo.

Carbohidratos Los carbohidratos son alimentos como los espaguetis, las papas y el arroz. Los carbohidratos proveen mucha energía.

Grasas Las grasas o lípidos son otra fuente[5] importante de energía. Algunas carnes contienen mucha grasa. Pero es necesario controlar el consumo de lípidos o grasa porque en muchos individuos elevan el nivel de colesterol.

Vitaminas Las vitaminas son indispensables para el funcionamiento del organismo o cuerpo. ¿Cuáles son algunas fuentes de las vitaminas que necesita el cuerpo humano?

vitamina	fuente
A	vegetales, leche, algunas frutas
B	carne, huevos, leche, cereales, vegetales verdes
C	frutas cítricas, tomates, lechuga
D	leche, huevos, pescado
E	aceites[6], vegetales, huevos, cereales

[1]tamaño *size*
[2]nivel *level*
[3]creciendo *growing*
[4]ricos *rich*
[5]fuente *source*
[6]aceites *oils*

B Answer each question.

1. ¿Qué debemos comer cada día?

   _____

2. ¿De qué depende el número de calorías que requiere una persona?

   _____

3. ¿Quiénes requieren más calorías? ¿Por qué?

   _____

4. ¿Por qué necesitan los adolescentes alimentos ricos en proteínas?

   _____

5. ¿Qué proveen los carbohidratos?

   _____

6. ¿Por qué es necesario controlar el consumo de grasas o lípidos?

   _____

   _____

C Make a list of all the cognates you found in the reading.

   _____

   _____

   _____

   _____

   _____

   _____

   _____

D Find the Spanish equivalents for the following words.

1. health _____

2. size _____

3. growth _____

4. provide _____

5. fat *(looks like the word "grease")* _____

6. consumption _____

7. human body _____

A Read the following article about stress.

Principales manifestaciones del estrés laboral

Leve	Irritabilidad y ansiedad Insomnio En algunas ocasiones problemas de concentración
Moderado	Aumento en las horas de ausentismo al trabajo Fatiga sin ninguna razón Indecisión e indiferencia Aumento en el consumo de café
Severo	Depresión Problemas de salud (dolor de cabeza, dolor de estómago y digestivos, cardiovasculares) Aislamiento social y presencia de pensamientos autodestructivos

B Find the Spanish word or expression that conveys the following information.

1. not able to make up one's mind _____

2. to not care _____

3. cranky or annoyed _____

4. not want to be with anyone _____

5. tiredness for no good reason _____

6. unable to sleep _____

7. increase in absenteeism _____

Tarea

La novela picaresca

Task You have read two examples of **literatura picaresca**—*El Periquillo Sarniento* and *Lazarillo de Tormes.* In both stories the main characters were very different in some ways and very alike in others. You are going to write an essay in which you discuss their similarities and differences.

How Using the diagram below, organize the details about each character as you read. Once you have completed your diagram, write your essay comparing Periquillo and Lazarillo.

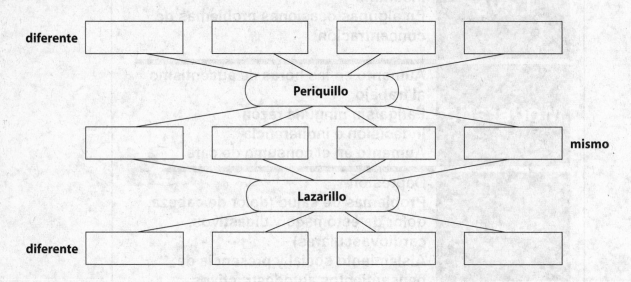

Use the information you placed in your diagram to help you write the comparison.
- Check your sentences for the correct verb forms.
- Check all words for correct spelling.
- Check all words for the correct endings.

_____

_____

_____

_____

_____

_____

_____

_____

_____

Vocabulario ❶

Actividad A Listen and repeat.

Actividad B Listen and choose.

	sí	no
1.	☐	☐
2.	☐	☐
3.	☐	☐
4.	☐	☐
5.	☐	☐
6.	☐	☐
7.	☐	☐

Actividad C Listen and choose.

1. a b c
2. a b c
3. a b c
4. a b c
5. a b c

Actividad D Listen and answer.

Vocabulario ②

Actividad E Listen and repeat.

Actividad F Listen and choose.

	correcta	incorrecta
1.	☐	☐
2.	☐	☐
3.	☐	☐
4.	☐	☐
5.	☐	☐

Actividad G Listen and choose.

1. a   b
2. a   b
3. a   b
4. a   b
5. a   b
6. a   b
7. a   b

Actividad H Listen and answer.

Gramática

Actividad A Listen and choose.

	característica	condición
1.	☐	☐
2.	☐	☐
3.	☐	☐
4.	☐	☐
5.	☐	☐
6.	☐	☐
7.	☐	☐
8.	☐	☐
9.	☐	☐
10.	☐	☐

Actividad B Listen and answer.

Actividad C Listen and answer.

Actividad D Listen and answer.

1. alto y rubio
2. simpáticos
3. no, antipática
4. sí
5. grande y moderna
6. González
7. inteligente y simpático(a)
8. interesante
9. difícil

Actividad E Listen and answer.

1. enfermo
2. bien
3. aburridos
4. cansados
5. triste
6. no, tranquilos
7. contenta

Actividad F Listen and answer.

Actividad G Listen.

Actividad H Listen and choose.

	sí	no
1.	☐	☐
2.	☐	☐
3.	☐	☐
4.	☐	☐
5.	☐	☐
6.	☐	☐

Actividad I Listen and answer.

Actividad J Listen and choose.

	location	origin
1.	☐	☐
2.	☐	☐
3.	☐	☐
4.	☐	☐
5.	☐	☐
6.	☐	☐
7.	☐	☐
8.	☐	☐
9.	☐	☐
10.	☐	☐

Actividad K Listen.

Actividad L Listen and choose.

	characteristic	condition	origin	location
1.	☐	☐	☐	☐
2.	☐	☐	☐	☐
3.	☐	☐	☐	☐
4.	☐	☐	☐	☐
5.	☐	☐	☐	☐
6.	☐	☐	☐	☐
7.	☐	☐	☐	☐
8.	☐	☐	☐	☐
9.	☐	☐	☐	☐

Actividad M Listen and speak.

Actividad N Listen and answer.

1. el médico
2. la cabeza
3. la médica
4. una medicina
5. no
6. el médico
7. el farmacéutico

Actividad O Listen and repeat.

Conversación

Actividad A Listen.

Actividad B Listen and repeat.

Actividad C Listen and choose.

	sí	no
1.	☐	☐
2.	☐	☐
3.	☐	☐
4.	☐	☐
5.	☐	☐
6.	☐	☐

Lectura cultural

Actividad A Listen.

Actividad B Listen and write.

1. Periquillo no es _____.

2. Él puede asistir _____.

3. No le gusta _____.

4. Trabaja en casa de _____.

5. Decide que el médico no es _____.

6. Periquillo va en la mula del médico a _____.

7. En el pueblo todos creen que Periquillo es _____.

Lectura—Un poco más

Actividad A Listen.

Integración

¡A escuchar más!

Actividad A Listen.

Actividad B Listen and write.

1. The ad is for people with _____.

2. The name of the product being advertised is _____.

3. It can be obtained in a _____.

4. It comes in the form of _____.

5. It is available in _____ sizes.

6. It is really good for _____.

Repaso cumulativo

Actividad A Listen and choose.

	sí	no
1.	☐	☐
2.	☐	☐
3.	☐	☐
4.	☐	☐
5.	☐	☐
6.	☐	☐

De vacaciones

CAPÍTULO 7

Workbook and Audio Activities

De vacaciones

Vocabulario ❶

A Match the activity with the illustration.

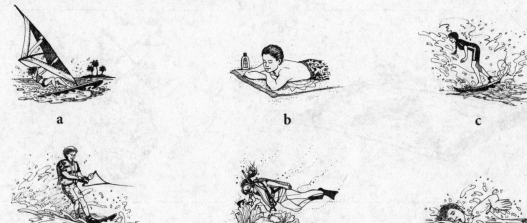

a

b

c

d

e

f

1. _____ nadar

2. _____ bucear

3. _____ practicar la plancha de vela

4. _____ esquiar en el agua

5. _____ tomar el sol

6. _____ practicar la tabla hawaiana

B Choose the correct completion.

1. Le gusta ir a la playa cuando (hay sol, está nublado).

2. Prefiere nadar en (el mar, una piscina) porque no le gustan las olas.

3. El surfer necesita (una plancha de vela, una tabla hawaiana).

4. El sol está tan fuerte que no puedo ver sin (el traje de baño, los anteojos de sol).

5. Vamos a rentar un barquito porque queremos (hacer la plancha de vela, esquiar en el agua).

6. Juegan en (una cancha, un campo) de voleibol en la playa.

C Identify each item.

1. _____   2. _____

3. _____   4. _____

D Answer.

¿Qué tiempo hace en el verano?

_____

E Complete with an appropriate word or phrase.

1. A veces hay sol y a veces está _____.

2. A veces hace buen tiempo y a veces _____.

3. Hay mucha _____ en la playa. A los niños les gusta

   hacer (construir) palacios y castillos en la _____.

4. El Mediterráneo es _____ y el Atlántico es un océano.

5. Si no hay viento no puedes practicar _____.

6. Van a _____ un barquito porque quieren

   _____.

7. Los jugadores juegan voleibol en una _____. La

   _____ está en la playa.

F Make a list.

   1. cosas o artículos que lleva uno a la playa

   _____   _____

   _____   _____

   _____   _____

   2. deportes acuáticos o playeros

   _____   _____

   _____   _____

   _____   _____

G Correct each false statement.

   1. Nos gusta practicar la plancha de vela cuando no hay viento y las olas son grandes.

   _____

   2. Cuando tomamos el sol necesitamos usar el buceo.

   _____

   3. Necesito una toalla antes de nadar en el mar.

   _____

   4. Necesitas una plancha de vela si vas a practicar el surfing.

   _____

   5. Los jugadores de voleibol juegan en el barquito.

   _____

H Write as much as you can about a volleyball game.

_____

_____

_____

_____

_____

_____

Vocabulario ②

A Choose the most appropriate word from the **banco de palabras** to complete each statement.

esquís	montañas	bastones
ventanilla	nieve	telesilla
anorak	pistas	patines

1. Necesitas _____ y _____
   si quieres esquiar.

2. Pueden subir la montaña en el _____.

3. Hay muchas _____ en una estación de esquí.

4. Compraron los tickets en la _____.

5. Si no hay _____ y _____
   no es posible esquiar.

6. Para patinar es necesario llevar _____.

B Match.

1. _____ las botas   **a.** la cabeza

2. _____ los guantes   **b.** los pies

3. _____ el casco   **c.** las manos

4. _____ el gorro

5. _____ los patines

C List all the clothing and other gear you need to ski.

_____

_____

_____

D Answer.
¿Qué tiempo hace en el invierno?

_____

E Complete with the appropriate word(s).

1. Los esquiadores suben la montaña en _____.

2. Compran los _____ para

   el _____ en la ventanilla o la

   _____.

3. José bajó la _____ para expertos.

4. Si uno va a esquiar, necesita _____,

   _____ y _____.

5. En el invierno hace _____.

6. A veces, la temperatura _____ a cinco grados bajo cero.

F Give a related word.

1. el monte _____

2. esquiar _____

3. nevar _____

4. la bajada _____

5. la subida _____

6. la ventana _____

7. patinar _____

G Write five sentences comparing skiing and ice skating.

_____

_____

_____

_____

_____

_____

_____

Gramática

Pretérito de los verbos en **-ar**

A Choose the correct completion.

1. Ellos (nadó, nadaron) en el mar.

2. Su amigo (nadó, nadaron) en la piscina.

3. Las amigas (pasaron, pasamos) el fin de semana en la playa.

4. Yo (esquió, esquié) en el agua.

5. Yo (usé, usó) una crema solar.

6. Nosotros (jugamos, jugaron) voleibol.

7. Tú (hablaste, hablaron) con Juan.

8. ¿Cuántas fotografías (tomaste, tomó) tú?

9. Yo (entró, entré) en el agua.

10. Ustedes (buceó, bucearon).

B Complete with the correct preterite forms of the indicated verb.

1. Él _____ en el mar y yo

   _____ en el lago. (esquiar)

2. Ella _____ en el lago y yo

   _____ en la piscina. (nadar)

3. Él _____ una crema solar y yo

   _____ una crema solar también. (usar)

C Complete with the correct preterite verb form.

1. hablar

   —Yo _____ con Juan ayer.

   —¿Cuándo _____ (tú) con Juan?

2. tomar

   —Yo _____ un examen.

   —¿En qué clase _____ (tú) el examen?

3. comprar

   —Yo lo _____ ayer.

   —¿Cuándo lo _____ (tú)?

4. nadar

   —Nosotros _____ en el mar.

   —Y ustedes _____ en la piscina.

5. bajar

—¿Qué pistas _____ ustedes?

—Nosotros _____ las pistas para principiantes.

6. pagar

—Nosotros _____ cien pesos.

—¿Cuánto _____ ustedes?

D Complete with the correct preterite verb ending.

1. Anita tom_____ el sol.

2. José Luis nad_____.

3. Yo esqui_____ en el agua.

4. Maripaz y Nando buce_____.

5. Y luego todos nosotros tom_____ un refresco en un café.

6. Yo tom_____ una limonada.

7. Anita tom_____ un helado.

8. ¿Y quién pag_____? Anita pag_____.

9. Y tú, ¿pas_____ el día en la playa con tus amigos?

10. ¿No? ¿Ustedes no pas_____ el día en la playa? ¡Qué pena!

E Complete with the correct preterite forms of the indicated verb.

1. Yo _____ la guitarra y él la _____ también. (tocar)

2. Yo _____ y ella _____ también. (jugar)

3. Yo _____ y él _____ a la misma hora. (llegar)

4. Yo _____ un tanto y ella _____ otro. (marcar)

5. Yo _____ y ella _____ también. (pagar)

6. Yo _____ a las ocho y él _____ a las nueve. (empezar)

7. Yo _____ una mesa libre y él _____ una mesa libre. (buscar)

F   Answer each question.

1. ¿Jugaron voleibol los amigos?

   _____

2. ¿Jugaste también?

   _____

3. ¿Ganó el equipo de Jorge?

   _____

4. ¿Jugaron ustedes en la playa?

   _____

5. Después de jugar, ¿nadaste?

   _____

6. ¿Dónde nadaron ustedes?

   _____

G   Rewrite in the preterite.

1. Tomo el desayuno en casa.

   _____

2. En la escuela estudiamos mucho.

   _____

3. José trabaja mucho.

   _____

4. Elena toma un examen.

   _____

5. José y Elena sacan una nota buena en su examen.

   _____

6. Tú no prestas atención cuando el profesor te habla.

   _____

7. Después de las clases regreso a casa.

   _____

8. Busco información en el Internet.

   _____

9. Navego la red.

   _____

10. Mis amigos me envían correos electrónicos.

   _____

H Form sentences in the preterite. Give as much information as possible.

1. yo / pasar / fin de semana

   _____

2. mi amigo / rentar

   _____

3. él y su amiga / esquiar

   _____

4. nosotros / nadar

   _____

5. yo / tomar / refresco

   _____

6. yo / no / pagar / tú / pagar

   _____

7. ¿a qué hora / regresar / ustedes?

   _____

8. José / preparar

   _____

Pretérito de **ir** y **ser**

A Complete with the preterite of **ir.**

1. Yo _____ y él _____ también.

2. Yo _____ a casa y él _____ al café.

3. Yo _____ por la mañana y él _____ por la tarde.

4. Yo _____ ayer y él _____ anteayer.

B Answer each question.

1. ¿Adónde fueron ustedes ayer?

   _____

2. ¿Con quién(es) fueron?

   _____

3. ¿A qué hora fueron?

   _____

4. ¿Cómo fueron? ¿En bus o a pie?

   _____

C Complete with the preterite of **ir**.

1. ¿Tú _____ a qué escuela elemental?

2. ¿_____ tu hermano a la misma escuela?

3. ¿_____ ustedes a la escuela a pie?

4. No, nosotros _____ en bus.

5. No, yo no _____ así. Yo _____ a pie y él

_____ en bus.

D Rewrite in the preterite.

1. Julio y yo vamos a la misma escuela.

_____

2. Su hermana y él van a la escuela a pie.

_____

3. Yo voy en bus.

_____

4. Julio es presidente de nuestra clase.

_____

5. Yo no soy presidente de la clase pero soy capitán del equipo de béisbol.

_____

Los pronombres **lo, la, los, las**

A Choose the correct answer.

1. ¿Tienes tus boletos?
   a. Sí, la tengo.
   b. Sí, lo tengo.
   c. Sí, los tengo.
   d. Sí, las tengo.

2. ¿Contestaste los correos electrónicos?
   a. Sí, los contesté.
   b. Sí, las contesté.
   c. Sí, lo contesté.
   d. Sí, la contesté.

3. ¿Compró Elena la camisa?
   a. Sí, lo compró.
   b. Sí, la compró.
   c. Sí, los compró.
   d. Sí, las compró.

4. ¿Dónde está la cámara?
   a. José las tiene.
   b. José la tiene.
   c. José lo tiene.
   d. José los tiene.

5. ¿Dónde tienes las toallas?
   a. Las tengo en mi mochila.
   b. Los tengo en mi mochila.
   c. La tengo en mi mochila.
   d. Lo tengo en mi mochila.

B Answer using a pronoun.

1. ¿Tienes la crema solar?

   _____

2. ¿Compraste los anteojos de sol?

   _____

3. ¿Rentaste el barquito?

   _____

4. ¿Rentaste los esquís acuáticos?

   _____

5. ¿Usaste la computadora?

   _____

6. ¿Buscaste la información en el Internet?

   _____

7. ¿Enviaste el correo electrónico anoche?

   _____

C Rewrite using a pronoun.

1. Carmen tomó *las fotos* con su cámara digital.

   _____

2. Ella compró *la cámara* ayer.

   _____

3. ¿Tienes *los esquís*? ¿Tienes *los bastones*?

   _____

4. Necesitas *los guantes*.

   _____

5. Un jugador lanza *el balón* y el otro devuelve *el balón*.

   _____

6. Yo tengo *la raqueta*.

   _____

Integración

¡A leer más!

A Read the following excerpt from a magazine article.

¡A sentir la nieve!

A partir del mes de noviembre, comienzan a publicarse diferentes ofertas para «snowboarding». Si dispones de tiempo suficiente como para irte varias veces a practicar, es mejor que adquieras boletos de temporada, en vez de comprar entradas para cada ocasión. También hay ofertas para grupos. El mejor horario para aprovechar las jornadas es temprano en la mañana o al atardecer, porque son los horarios en que las laderas están más despejadas. De lunes a viernes, los boletos cuestan casi un 40 por ciento menos que los fines de semanas o días festivos o «holidays». Te sugerimos que te informes también acerca de los accidentes conocidos como «Tree Pit», que en su gran mayoría ocasionan la muerte, y que ocurren cuando los «snowboarders» chocan con árboles o caen enterrados en hoyos que forma la nieve alrededor de éstos. La patrulla de bosques está incrementando las regulaciones para evitar este tipo de accidente, pero recuerda que, como en todo deporte, existen sus riesgos.

B Rewrite the following as in the article.

Desde el mes de noviembre, empiezan a publicarse distintas posibilidades para «snowboarding». Si tienes bastante tiempo como para irte unas veces a practicar, es mejor que adquieras billetes de temporada en vez de sacar billetes para cada día.

_____

_____

_____

_____

_____

_____

_____

C There is something quite dangerous about trees. Describe some of the dangers. You may do this in English.

_____

_____

_____

_____

_____

_____

_____

D In Spanish explain when you should go snowboarding.

_____

_____

_____

_____

_____

_____

_____

_____

A Read the following article about winter sports.

DEPORTES DE INVIERNO

Con el invierno llegan los deportes del frío. Es la época propicia para practicar las distintas variedades de esquí: alpino, nórdico, en monopatín, así como las carreras de trineos, el patinaje sobre hielo, el biatlón, el bob-sled...

Los Pirineos es una de las zonas de España donde mejor se pueden practicar todos estos deportes.

Blanca Fernández Ochoa ha sido la mejor esquiadora española de los últimos tiempos. Fue medalla de bronce en las últimas olimpiadas de Albertville.

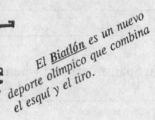

El Biatlón es un nuevo deporte olímpico que combina el esquí y el tiro.

El esquí-alpinismo
Con una técnica específica es posible subir las pendientes más difíciles para luego realizar el descenso sobre nieve fresca o hielo.

El surf de nieve
Para practicarlo necesitas una tabla y un casco, rodilleras...
Hay dos modalidades: las carreras y las exhibiciones.

Las carreras de trineos
El éxito de este deporte depende de la compenetración entre los perros y el deportista. Doce perros tiran del trineo.

El bob-sled es un deporte de gran emoción. Destreza en la conducción y una buena dosis de valor son los dos ingredientes básicos para su práctica.

Patinaje sobre hielo
Con unos patines de hielo puedes hacer maravillas: desde montar una coreografía con tu melodía favorita, hasta competir con tus amigos para ver quién es el más rápido sobre las cuchillas.

WORKBOOK

B Find the Spanish equivalent for the following in the article about winter sports.

1. bronze medal

_____

2. downhill skiing

_____

3. cross-country skiing

_____

4. helmet

_____

5. knee pads

_____

6. blades

_____

7. snowboarding

_____

Read the following ad about skiing.

ESQUÍ

A NIVEL *Cavaliere*

Cavaliere, el operador turístico de nivel internacional

CUATRO CATEGORÍAS

- **Expertos con equipo**
  Incluye profesor de su nivel y provisión de equipo
- **Expertos**
  Igual cobertura, sin la provisión de equipo
- **Futuros**
  Provisión de equipo completo y dos clases diarias con profesor exclusivo para grupos reducidos
- **Niños con escuela de esquí**
  Niños de 3 a 11 años que pasan el día entero a cargo de personal especializado y aprenden jugando. Se incluye pensión completa y provisión de equipo.

CUATRO SALIDAS SEMANALES

Martes, Jueves, Sábados y Domingos
desde el 19 de junio hasta el 23 de octubre

Portillo — 8 días

Expertos c/ equipo	de 39.980 a 52.000
Expertos	de 3l.700 a 51.500
Futuros	de 40.680 a 54.900
Niños / escuela	de 32.900 a 48.300

Cavaliere

lo prometido… y más.
Córdoba 617 primer piso • Res. 658 • 74

B Answer each question according to the ad about skiing.

1. What is the name of the travel agency? _____

2. How many types of excursions does the travel agency offer? _____

3. Is it necessary to have one's own equipment in order to book a trip? _____

4. Are there trips for beginners as well as experts? _____

5. Is there only one departure each week? _____

6. How many departures are there each week? _____

7. When do the departures begin? _____

8. When do the departures end? _____

9. Which ski resort do these trips go to? _____

10. The prices shown are for how many days? _____

Read the following ad about scuba diving.

Cursos de Buceo

SI TODAVIA NO ERES BUCEADOR, AHORA ES EL MOMENTO DE COMENZAR ESTA AVENTURA

- Cursos de Buceo con titulación internacional de **S.S.I.**

- Todo el material, equipamiento, tramitaciones, etc., necesario para el curso está incluido en nuestro precio.

- Grupos reducidos.

- Diversas posibilidades para que puedas elegir la que mejor se ajuste a tus necesidades.

- Nuestros cursos destacan por el número de inmersiones que realizas en ellos.

DURANTE TODO EL AÑO impartimos curso en nuestro Centro de Buceo. Duración una semana.

DURANTE LOS PUENTES DE SEMANA SANTA Y MAYO, cursos intensivos en la Costa.

CURSOS EN MADRID. Si no puedes desplazarte a la Costa, ahora te ofrecemos el curso impartido en Madrid, en horario totalmente flexible, para que puedas compatibilizarlo con tu trabajo o estudios.

INFORMATE Y RESERVA TU PLAZA

CENTRO DE BUCEO DARDANUS

CASTELL DE FERRO (Granada)
Teléfonos: 958/656008 y 908/625822

EN MADRID
Teléfonos: 915/173212 y 909/167559

B Answer each question according to the ad about scuba diving.

1. ¿Cuándo dan los cursos de buceo?

_____

2. ¿Cuánto tiempo dura un curso?

_____

3. ¿Son grandes o pequeños los grupos que forman una clase?

_____

4. ¿Cuándo hay cursos en la Costa?

_____

C Indicate whether the following statements are true or false according to the ad about scuba diving.

	verdad	falso
1. Hay muchas personas en cada grupo o clase.	☐	☐
2. Es necesario ir a la Costa para tomar el curso.	☐	☐
3. El centro de Buceo Dardanus permite a los estudiantes tener muchas inmersiones.	☐	☐
4. Dan cursos solo en mayo.	☐	☐
5. Todo lo que uno necesita para bucear está incluido en el precio.	☐	☐
6. Las horas de los cursos son flexibles.	☐	☐

Tarea

El regalo

Task Your grandparents in Madrid have given you a great gift for your birthday—a trip to anywhere in Spain for one week with a friend. Write an e-mail inviting your friend on the trip and talking about where you would like to go, how you are going to get there, when you are going to go, and all the attractions that you are going to see.

How Use the diagram below to organize your information before you actually start to write.

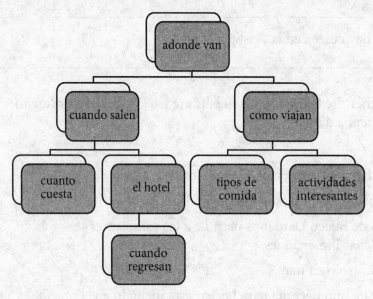

Use the information you placed in your diagram to help you write the e-mail.

- Check your sentences for the correct verb forms.
- Check all words for the correct spelling.
- Check all words for the correct endings.

_____

_____

_____

_____

_____

_____

_____

_____

CAPÍTULO 7

De vacaciones

Vocabulario ❶

Actividad A Listen and repeat.

Actividad B Listen and choose.

1. _____
2. _____
3. _____
4. _____
5. _____

Actividad C Listen and choose.

_____

_____

_____

_____

_____

Actividad D Listen and choose.

	sí	no
1.	☐	☐
2.	☐	☐
3.	☐	☐
4.	☐	☐
5.	☐	☐
6.	☐	☐
7.	☐	☐

Actividad E Listen and speak.

Vocabulario ❷

Actividad F Listen and repeat.

Actividad G Listen and choose.

	sí	no
1.	☐	☐
2.	☐	☐
3.	☐	☐
4.	☐	☐
5.	☐	☐
6.	☐	☐
7.	☐	☐
8.	☐	☐
9.	☐	☐

Actividad H Listen and choose.

	verano	invierno		verano	invierno
1.	☐	☐	6.	☐	☐
2.	☐	☐	7.	☐	☐
3.	☐	☐	8.	☐	☐
4.	☐	☐	9.	☐	☐
5.	☐	☐	10.	☐	☐

Actividad I Listen and answer.

Gramática

Actividad A Listen and choose.

	presente	pretérito			presente	pretérito
1.	☐	☐		6.	☐	☐
2.	☐	☐		7.	☐	☐
3.	☐	☐		8.	☐	☐
4.	☐	☐		9.	☐	☐
5.	☐	☐		10.	☐	☐

Actividad B Listen and answer.

Actividad C Listen and answer.

Actividad D Listen and choose.

1. a b c   4. a b c
2. a b c   5. a b c
3. a b c   6. a b c

Actividad E Listen and choose.

	yo	él, ella
1.	☐	☐
2.	☐	☐
3.	☐	☐
4.	☐	☐
5.	☐	☐

Actividad F Listen and choose.

1. a b
2. a b
3. a b
4. a b

Actividad G Listen and speak.

Actividad H Listen and answer.

Actividad I Listen and repeat.

Conversación

Actividad A Listen.

Actividad B Listen and repeat.

Actividad C Listen and choose.

	sí	no
1.	☐	☐
2.	☐	☐
3.	☐	☐
4.	☐	☐
5.	☐	☐
6.	☐	☐
7.	☐	☐
8.	☐	☐

Lectura cultural

Actividad A Listen.

Actividad B Listen and write.

1. las actividades de los jóvenes en la playa

_____

2. dónde comieron los jóvenes

_____

3. qué comieron

_____

4. qué es Tarifa

_____

Lectura—Un poco más

Actividad A Listen.

Integración

¡A escuchar más!

Actividad A Listen.

Actividad B Listen and choose.

1. What is this ad for?
   a. ski trips
   b. skating lessons
   c. sportswear

2. For how many days is the stay at the resort?
   a. 4
   b. 8
   c. 12

3. What is the destination?
   a. Buenos Aires
   b. Córdoba
   c. Bariloche

4. How many departures are there per week?
   a. 2
   b. 4
   c. 8

5. What is the means of transportation?
   a. bus
   b. train
   c. plane

6. What is the price?
   a. 500 pesos
   b. 5,000 pesos
   c. 15,000 pesos

7. What is the address of the agency?
   a. Córdoba 81
   b. Buenos Aires 80
   c. Gorostiza 88

8. What is their phone number?
   a. 312-69-75
   b. 312-67-59
   c. 312-77-69

Actividad C Listen.

Actividad D Listen and write.

1. What kind of product is being advertised?

   _____

2. What is the name of the product?

   _____

3. Where should you take it?

   _____

4. What will it do for you?

   _____

5. How much does it cost?

   _____

Actividad E Listen.

Actividad F Listen and choose.

1. ¿Para quiénes es el anuncio?
   a. para personas que quieren trabajo
   b. para enfermos
   c. para personas que van de vacaciones

2. ¿Cuál es el nombre del lugar que anuncian?
   a. Palmas del Mar
   b. Vistas del mar
   c. San Juan

3. ¿Dónde está el lugar?
   a. en un lago
   b. en las montañas
   c. en la costa

4. ¿Qué deporte no menciona el anuncio?
   a. el esquí acuático
   b. el golf
   c. el tenis

5. ¿Qué pueden hacer las personas que no quieren hacer deportes?
   a. tomar el sol
   b. ir a San Juan
   c. esquiar

6. ¿A cuántos kilómetros de San Juan está?
   a. cuatro
   b. catorce
   c. cuarenta

Repaso cumulativo

Actividad A Listen and choose.

	sí	no
1.	☐	☐
2.	☐	☐
3.	☐	☐
4.	☐	☐
5.	☐	☐
6.	☐	☐
7.	☐	☐

En tu tiempo libre

En tu tiempo libre

Vocabulario 1

A Choose the correct word from the **banco de palabras** to complete each sentence.

cumpleaños	conjunto	galletas	entrada	velas	músicos

1. Carlos cumple diecisiete años. Hoy es su _____.

2. Hay _____ en un pastel (una torta) de cumpleaños.

3. Muchas veces cuando comemos queso lo comemos con
   _____.

4. Los _____ tocan instrumentos.

5. Un grupo de músicos es también un _____ musical.

6. Un boleto para ir a un concierto es una _____.

B Complete with an appropriate word.

1. Hoy la muchacha celebró su _____. Ella recibió muchos
   _____ de sus amigos y ella los abrió enseguida.

2. Ella quiere oír un concierto que va a dar su cantante favorito y está muy contenta
   porque su mejor amigo le dio _____ para el concierto.

3. Hay _____ en una banda y hay
   _____ en un coro.

4. Hay velas en _____ de cumpleaños.

5. Él volvió a casa a pie porque _____ el bus.

C Give the word being defined.

1. otra palabra que significa «maní» _____

2. una exposición musical _____

3. los que cantan _____

4. los que tocan un instrumento musical _____

5. ir a _____

6. un grupo musical _____

D Write a short paragraph describing a birthday party.

_____

_____

_____

_____

_____

_____

_____

_____

_____

Vocabulario ❷

A Choose the correct completion.

1. Ella (vio, oyó) una película.

2. Ella (vio, oyó) un concierto.

3. Ella compró las entradas en (la película, la taquilla).

4. Ella (entendió, aprendió) la película porque estudia español en la escuela.

5. Dan (una estatua, una exposición) en el museo.

B Answer each question.

1. ¿Qué queremos ver cuando vamos al cine?

_____

2. ¿Dónde tenemos que comprar las entradas?

_____

3. ¿Puedes comprender una película en español?

_____

4. ¿Qué queremos ver cuando vamos a un museo?

_____

5. ¿Qué pinta el pintor?

_____

C Give the opposite.

1. algo ≠ _____

2. alguien ≠ _____

3. siempre ≠ _____

D Use each word in an original sentence.

1. un cuadro

_____

2. una estatua

_____

3. una exposición

_____

4. el cine

_____

5. una película

_____

Gramática

Pretérito de los verbos en **-er, -ir**

A Choose the correct verb form to complete each sentence.

1. Yo (comió, comí) muchos cacahuetes.

2. Ellos (volvió, volvieron) temprano.

3. Ella le (dio, di) un regalo.

4. Nosotros (vimos, vieron) la película en español.

5. Yo (salió, salí) anoche.

6. Ustedes (aprendió, aprendieron) mucho.

7. Tú (recibieron, recibiste) muchos aplausos.

8. Nosotros (asistí, asistimos) y ellos (asistió, asistieron) también.

B Complete with the correct preterite form of the indicated verb(s).

1. Roberto _____ anoche y no

   _____ a casa hasta la medianoche. (salir, volver)

2. Él y sus amigos _____ al cine donde

   _____ una película. (ir, ver)

3. Ellos la _____ en inglés, en versión original. (ver)

4. Ellos la _____ sin problema. (comprender)

5. Vicente, ¿_____ tú la película? (comprender)

6. Claro que yo la _____.

   _____ mucho inglés en la escuela. (comprender, aprender)

7. Cuando nosotros _____ del café,

   _____ el autobús. (salir, perder)

8. ¿Cómo _____ ustedes a casa? (volver)

9. Nosotros _____ en taxi. (volver)

C Answer about yourself.

1. Ayer, ¿viste un video en la clase de español?

_____

_____

2. ¿Aprendiste algo nuevo en clase?

_____

_____

3. ¿Comprendiste el video?

_____

_____

4. ¿Lo viste en inglés o en español?

_____

5. Ayer, ¿comiste en la cafetería de la escuela?

_____

_____

6. ¿A qué hora saliste de casa?

_____

7. ¿Cómo volviste a casa?

_____

D Write a friend a short letter. Tell him or her: you went out last night; you saw a good movie; you saw the movie at the Cine Rex; afterwards you ate at a restaurant; you returned home at 10:30.

_____

_____

_____

_____

_____

_____

E   Rewrite the letter from Activity D. Tell your friend what you and Guillermo did.

_____

_____

_____

_____

_____

F   Rewrite all the sentences, changing **hoy** to **ayer**.

    1. Hoy como en casa.

_____

    2. Hoy vemos una película.

_____

    3. ¿Qué escribes hoy para la clase de inglés?

_____

    4. ¿A qué hora salen ustedes hoy?

_____

    5. ¿Dan ustedes una fiesta hoy?

_____

Los verbos **oír, leer**

A Complete with the present tense of **oír**.

yo		nosotros(as)	
tú			
Ud., él, ella		Uds., ellos, ellas	

B Complete with the correct form of the present tense of **oír**.

1. —¿Qué _____ tú?

   —No _____ nada.

2. —Y, ustedes, ¿qué _____?

   —No _____ nada.

3. —Él _____ solamente lo que quiere _____.

C Complete with the correct preterite form of the indicated verb(s).

1. Él lo _____ en la radio. No lo _____ en la tele.
   (oír, ver)

2. Yo no _____ nada pero _____ lo que pasó.
   (oír, ver)

3. En un solo día nosotros _____ un concierto y

   _____ una película. (oír, ver)

4. Tú no _____ nada y no _____ nada. (oír, ver)

5. Él _____ la novela y yo _____ la misma novela.
   (leer, leer)

6. Ellos _____ el anuncio en el periódico. (leer)

Palabras afirmativas y negativas

A Match each word with its opposite.

1. _____ algo   **a.** nunca

2. _____ alguien   **b.** nadie

3. _____ sí   **c.** nada

4. _____ siempre   **d.** ni

5. _____ o   **e.** no

B Write an original sentence with each of the following words.

1. algo _____

_____

2. alguien _____

_____

3. siempre _____

_____

C Rewrite each of your sentences from Activity B in the negative.

1. _____

_____

2. _____

_____

3. _____

_____

Integración

¡A leer más!

Ⓐ Look at this ad from a magazine in Mexico.

B Answer each question about the ad in Activity A.

1. ¿Cuál es el nombre del teatro? _____

2. ¿Quién es el músico? _____

3. ¿Qué instrumento toca? _____

4. ¿Qué día es el concierto? _____

5. ¿Cuántas funciones hay? _____

6. ¿A qué hora? _____

7. ¿Qué número llamas si necesitas información? _____

8. ¿Con qué puedes pagar? _____

9. ¿Cuál es el precio mínimo en pesos mexicanos de una entrada? _____

10. ¿Cuál es el precio máximo? _____

A Read the ad about a birthday celebration.

Festeja tu cumpleaños en Cinemex y vive la Magia del Cine con tus amigos

¡Vive un cumpleaños de película en Cinemex! Déjanos organizarte tu fiesta y de cantarte *Las mañanitas*, mientras disfrutas de tu película favorita en compañía de tus amigos.

Conoce nuestros paquetes. Tenemos uno especial para ti. Llama al 52 57 68 68 o al 01800 710 5555 o envíanos un correo electrónico a eventos@cinemex.com.

¡El pastel va por nuestra cuenta!

B In your own words, describe in English how this ad suggests you celebrate your birthday. *Answers will vary but may include:* **Celebrate at Cinemex while enjoying your favorite movie with friends. (They sing the birthday song to you and give you cake.)**

_____

_____

_____

Tarea

La cultura latina

Task You have been visiting some cultural sites in the city and have been asked to prepare a report to the class about what impressed you the most and why. You can't decide which you liked more, the music you heard or the works of art you saw.

How Choose a topic for your report.

- Make a diagram like the one below to help organize your thoughts.
- Write a short report to present to your school upon your return.

Use the information you placed in your diagram to help you write the report.

- Check your sentences for the correct verb forms.
- Check all words for correct spelling.
- Check all words for the correct endings.

_____

_____

_____

_____

_____

_____

_____

_____

En tu tiempo libre

Vocabulario ❶

Actividad A Listen and repeat.

Actividad B Listen and choose.

1. a b
2. a b
3. a b
4. a b
5. a b
6. a b

Actividad C Listen and choose.

1. a b c
2. a b c
3. a b c

Vocabulario ❷

Actividad D Listen and repeat.

Actividad E Listen and choose.

	verdad	falso
1.	☐	☐
2.	☐	☐
3.	☐	☐
4.	☐	☐
5.	☐	☐

Actividad F Listen and choose.

1. a   b
2. a   b
3. a   b
4. a   b
5. a   b

Actividad G Listen and choose.

	sí	no
1.	☐	☐
2.	☐	☐
3.	☐	☐
4.	☐	☐
5.	☐	☐

Actividad H Listen and choose.

1. a   b   c
2. a   b   c
3. a   b   c

Gramática

Actividad A Listen and choose.

	pasado	presente			pasado	presente
1.	☐	☐		5.	☐	☐
2.	☐	☐		6.	☐	☐
3.	☐	☐		7.	☐	☐
4.	☐	☐		8.	☐	☐

Actividad B Listen and answer.

Actividad C Listen and speak.

Actividad D Listen and choose.

1. a   b   c   4. a   b   c
2. a   b   c   5. a   b   c
3. a   b   c   6. a   b   c

Actividad E Listen and answer.

Actividad F Listen and repeat.

Conversación

Actividad A Listen.

Actividad B Listen and repeat.

Actividad C Listen and choose.

	sí	no
1.	☐	☐
2.	☐	☐
3.	☐	☐
4.	☐	☐
5.	☐	☐
6.	☐	☐
7.	☐	☐
8.	☐	☐
9.	☐	☐

Lectura cultural

Actividad A Listen.

Actividad B Listen and write.

1. José Clemente Orozco

_____

2. Zapatistas

_____

3. la música andina

_____

4. la música guatemalteca

_____

Lectura—Un poco más

Actividad A Listen.

Integración

¡A escuchar más!

Actividad A Listen.

Actividad B Listen and write.

1. What kind of radio broadcast is it?

   _____

2. What was the first performance?

   _____

3. What is the title?

   _____

4. Who is Guillermo Sampere?

   _____

5. What happened to Angelito?

   _____

Repaso cumulativo

Actividad A Listen and choose.

a.

b.

1. a   b
2. a   b
3. a   b
4. a   b
5. a   b
6. a   b

¡Vamos de compras!

Workbook and Audio Activities

¡Vamos de compras!

Vocabulario ❶

A Write a list of articles of clothing that a male teen would wear.

_____   _____
_____   _____
_____   _____
_____   _____
_____   _____

B Write a list of articles of clothing that a female teen would wear.

_____   _____
_____   _____
_____   _____
_____   _____

C Write a list of articles of clothing that both male and female teens would wear.

_____   _____
_____   _____
_____   _____
_____

D Write the opposite.

1. menos ≠ _____
2. caro ≠ _____
3. largo ≠ _____
4. una camisa ≠ _____

E Answer each question.

1. ¿Prefieres llevar una camisa (o blusa) de manga larga o de manga corta?

_____

2. Si eres muchacha, ¿prefieres llevar una falda o un pantalón?

_____

3. ¿Te gusta más un pantalón largo o un pantalón corto?

_____

4. ¿Prefieres llevar un par de zapatos, un par de tenis, zapatillas o botas?

_____

5. Si eres muchacha, ¿te gusta llevar vestido a las fiestas?

_____

6. Si eres muchacho, ¿te gusta llevar corbata a la escuela?

_____

F Answer each question.

1. ¿Qué talla usas para una camisa o blusa?

_____

2. ¿Qué talla usas para un pantalón?

_____

3. ¿Qué número calzas?

_____

G Correct each false statement.

1. Hay pocas tiendas en un centro comercial. _____

2. Debes comprar una chaqueta que no te queda bien. _____

_____

3. Si la chaqueta te queda grande necesitas una talla más grande. _____

_____

_____

4. Una camisa que cuesta cien pesos es barata y una camisa que cuesta cincuenta pesos es cara.

_____

5. Suben los precios cuando hay un saldo. _____

H Review the following words you have already learned. Use each one in an original sentence.

1. una camiseta

_____

2. un gorro

_____

3. un anorak

_____

4. unas zapatillas

_____

5. unos guantes

_____

6. unas botas

_____

7. un bañador

_____

8. un casco

_____

Vocabulario ❷

Ⓐ Make a list of all the vegetables you know.

_____   _____
_____   _____
_____   _____
_____

Ⓑ Make a list of all the fruits you know.

_____   _____
_____   _____

Ⓒ Choose the correct completion.

1. La señora va de (un puesto a otro, una tienda a otra) en el mercado.

2. El señor va de (un puesto a otro, una tienda a otra) en el centro comercial.

3. ¿A cuánto (cuestan, están) los tomates hoy?

4. ¿(Cuánto cuesta, A cuánto está) la camisa?

5. ¿Quiere usted (algo, nada) más?

6. No, (algo, nada) más, gracias.

Ⓓ Complete with the quantity you would like.

1. un _____ de zanahorias congeladas

2. un _____ de mayonesa y un
   _____ de mostaza

3. una _____ de agua mineral

4. un _____ de sardinas y un
   _____ de atún

5. un _____ de espaguetis

6. seis _____ de jamón

Ⓔ In your own words, describe the following.
el regateo

_____
_____
_____

Gramática

Los números

A Write the following numbers.

1. 100 _____
2. 300 _____
3. 500 _____
4. 700 _____
5. 900 _____
6. 600 _____
7. 1,000 _____
8. 2,000 _____
9. 1,000,000 _____
10. 2,000,000 _____

Presente de **saber** y **conocer**

A Choose the correct verb.

1. Yo (sé, conozco) su número de teléfono.
2. Yo lo (sé, conozco) bien. Es una persona buena.
3. Yo (sé, conozco) donde vive.
4. Yo (sé, conozco) su dirección y número de teléfono.
5. Yo (sé, conozco) la historia de España.
6. Yo (sé, conozco) que Madrid es la capital de España.
7. Yo (sé, conozco) Madrid. Es una ciudad que me gusta.
8. Yo (sé, conozco) las obras de los famosos artistas Velázquez y Goya.

B Complete each question and answer it.

1. —¿_____ Elena su talla?

—No, no la _____.

2. —¿_____ (tú) la novela *El Quijote*?

—Sí, la _____. La leí dos veces.

3. —¿_____ tú dónde está el centro comercial?

—Sí, _____ donde está.

4. —¿_____ ustedes a la señora que trabaja en la tienda?

—Sí, la _____.

5. —¿_____ ellos hablar español?

—Sí, lo _____ hablar y lo hablan bien.

6. —¿_____ ellos hablar francés también?

—No. El francés no lo _____ y no lo

_____ hablar.

C Write a paragraph about a good friend. In the paragraph, answer the following questions: **¿Sabes su número de teléfono? ¿Cuál es? ¿Conoce él o ella a toda tu familia? ¿Conoces a toda su familia también? ¿Cuáles son algunas cosas que él o ella sabe hacer muy bien? ¿Sabes hacer las mismas cosas?**

_____

_____

_____

_____

_____

_____

Comparativo y superlativo

A Complete with the correct words.

1. Nueva York es _____ grande _____ San Antonio.

2. Nueva York tiene _____ habitantes _____ San Antonio.

3. El estado de Texas es _____ grande _____ el estado de Nueva York.

4. Alaska es _____ estado _____ _____
   _____ Estados Unidos.

5. Sí, Alaska es _____ estado _____ _____ _____
   Estados Unidos pero tiene _____ habitantes _____ Texas y
   Nueva York.

B Think of three students in your class or three friends. Choose two adjectives and compare the three using the two adjectives. You will have six sentences.

1. _____
2. _____
3. _____
4. _____
5. _____
6. _____

C Complete these sentences with any accurate information.

1. _____ que yo.
2. _____ que mi hermano.
3. _____ que nadie.

D Complete the following chart.

	COMPARATIVO	SUPERLATIVO
bueno		
	peor	
más años		
menos años		
	mejor	X
mal		X

Demostrativos

A In English, explain the difference between **este, ese,** and **aquel.**

_____

_____

_____

B Complete with the correct word.

1. _____ zapatos que tengo yo son _____ caros que

   _____ que tú acabas de comprar.

2. _____ zapatos que tú tienes son menos caro que

   _____ (allá) en el escaparate.

3. _____ frutas que tengo yo son _____ frescas que

   _____ en el otro mercado.

4. ¿Me permites ver _____ libro que lees?

5. No me gusta el color de _____ camisa aquí pero el color de

   _____ que tú tienes me gusta mucho.

Integración

¡A leer más!

A Look at these ads from Cortefiel, a rather upscale chain of stores in Spain.

CORTEFIEL

otoño 2009

Colección
hombre
mujer

Revista

Club Cortefiel

colección**sport**

La sastrería italiana se reinventa através de la combinación de color y tejidos, aportando elegancia y confort para cualquier momento del día. Azules, verdes y beiges se iluminan con naranjas y ocres, siendo estos los colores de la colección sport de esta temporada.

Chaleco 59,00 €

Jersey 39,90 €

Pantalón algodón 45,90 €

CORTEFIEL

otoño 2009

Colección
hombre
mujer

Revista

Club Cortefiel

colección**glasgow**

Las reminiscencias de la moda de los años 60 están muy presentes en esta colección a través de las formas suaves y el volumen. Los detalles cobran importancia a través de los bordados, el patchwork o los lazos. Las tonalidades otoñales van desde el amarillo hasta el verde botella oscuro. Los diseños, de ligero matiz naif, respiran inocencia y cierta nostalgia.

Chaqueta 48,90 €

Vestido 36,90 €

Pantalón 44,90 €

B Answer based on the ads in Activity A.

1. According to the description accompanying the «colección sport», what are two characteristics of the clothing?

   _____   _____

2. What colors are used in this season's selections?

   _____   _____

   _____   _____

   _____

3. The man is wearing **un chaleco, un jersey,** and **un pantalón.** Which article of clothing is **el chaleco?** _____

4. According to the description accompanying «colección glasgow», what does the style of this collection recall? _____

5. What term does the copywriter use to refer to fall colors? _____

   _____

Tarea

¿Cuál es el precio?

Task Your teacher has decided to try to use some math computational skills along with your Spanish skills to make the lesson about shopping more realistic. You have been asked to create math word problems using the vocabulary you have been learning.

Look at the following example.

Marta quiere comprar unos pantalones largos que están de venta en Macy's. El precio regular de los pantalones es $50. El descuento es 15 por ciento. ¿Cuál es el precio con descuento de los pantalones que quiere comprar Marta?

You will be combining colors, numbers, clothing, food, and math terms to make up problems about percentage and discounts. The words below will be of help to you in writing your problems.

- descuento = *discount*
- por ciento = *percent*
- comprar = *to buy*
- gastar = *to spend*
- ahorrar = *to save*
- cuánto = *how much*

Below are some of the items that are being sold at a discount. You can replace them or add others if you would like.

- a men's brown jacket
- a pair of black shoes from Italy
- a pair of green slacks
- a pair of women's blue jeans
- a white blouse with long sleeves

How Consider the following questions for each item you choose.

- What is the regular price?
- What is the percentage of discount on the item?
- What is the discounted price of the item?
- How much did you save on the item?

Organize your data in the chart below before you actually start writing the problems.

cosa	precio regular	porcentaje de descuento	precio con descuento	cuánto ahorraste

Use the information you placed in your chart to help you write the problems.

- Check your sentences for the correct verb forms.
- Check all words for correct spelling.
- Check all words for the correct endings.

_____

_____

_____

_____

_____

_____

_____

_____

_____

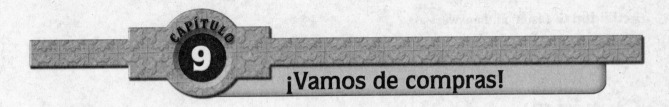

CAPÍTULO 9

¡Vamos de compras!

Vocabulario ①

Actividad A Listen and repeat.

Actividad B Listen and choose.

1. a   b
2. a   b
3. a   b
4. a   b
5. a   b
6. a   b

Actividad C Listen and choose.

	sí	no
1.	☐	☐
2.	☐	☐
3.	☐	☐
4.	☐	☐
5.	☐	☐
6.	☐	☐
7.	☐	☐
8.	☐	☐

Vocabulario ②

Actividad D Listen and repeat.

Actividad E Listen and choose.

1. _____   4. _____
2. _____   5. _____
3. _____   6. _____

Actividad F Listen and answer.

Actividad G Listen and answer.

Gramática

Actividad A Listen and write.

1. _____
2. _____
3. _____
4. _____
5. _____
6. _____
7. _____
8. _____
9. _____
10. _____

Actividad B Listen and speak.

Actividad C Listen and choose.

	sí	no
1.	☐	☐
2.	☐	☐
3.	☐	☐
4.	☐	☐
5.	☐	☐

Actividad D Listen and speak.

Actividad E Listen and repeat.

Conversación

Actividad A Listen.

Actividad B Listen and repeat.

Actividad C Listen and choose.

	sí	no
1.	☐	☐
2.	☐	☐
3.	☐	☐
4.	☐	☐
5.	☐	☐
6.	☐	☐
7.	☐	☐
8.	☐	☐
9.	☐	☐

Lectura cultural

Actividad A Listen.

Actividad B Listen and write.

1. cómo llega la gente al mercado

   _____

2. la ciudad en Ecuador donde hay un mercado célebre

   _____

3. algunas cosas que hay en el mercado

   _____

4. lo que hace la gente para pagar un precio más bajo

   _____

Lectura—Un poco más

Actividad A Listen.

Integración

¡A escuchar más!

Actividad A Listen and choose.

	tienda de ropa	tienda de calzados	mercado	café	mercado indígena
1.	☐	☐	☐	☐	☐
2.	☐	☐	☐	☐	☐
3.	☐	☐	☐	☐	☐
4.	☐	☐	☐	☐	☐
5.	☐	☐	☐	☐	☐
6.	☐	☐	☐	☐	☐

Actividad B Listen.

Actividad C Listen and choose.

1. Where would this announcement be heard?
   a. in a stationery store
   b. in a clothing store
   c. at a cashier counter

2. What are they selling at a special offer?
   a. T-shirts
   b. shirts
   c. jackets

3. How much are they?
   a. 100 pesos
   b. 50 pesos
   c. 150 pesos

4. What choices are available?
   a. many colors and styles
   b. many colors and prices
   c. many colors and sizes

Repaso cumulativo

Actividad A Listen and choose.

	sí	no
1.	☐	☐
2.	☐	☐
3.	☐	☐
4.	☐	☐
5.	☐	☐

CAPÍTULO
10

En avión

En avión

Vocabulario ❶

A Choose the correct word.

1. José hace un viaje y tiene dos (maletas, equipaje).

2. Antes él (hace, pone) la maleta. (Hace, Pone) en la maleta la ropa que necesita para (el viaje, el equipaje).

3. José (sale, trae) para el aeropuerto.

4. Muchos pasajeros hoy en día viajan con solo (un boleto electrónico, una tarjeta de embarque).

5. (El boleto electrónico, La tarjeta de embarque) sale de un distribuidor automático en el aeropuerto.

B Match.

1. _____ el nombre del pasajero   **a.** 21:15

2. _____ el número del asiento   **b.** AA 614

3. _____ el número del vuelo   **c.** Jorge Ortiz

4. _____ la hora de salida   **d.** 20:45

5. _____ la hora de embarque   **e.** Bogotá

6. _____ el destino   **f.** 21 C

C Choose the word or expression that best completes each sentence.

VUELO	SALIDA	ABORDAR	PUERTA	DESTINO
UA 105	7:05	6:30	5	BUENOS AIRES
AA 731	7:30	7:00	12	LIMA
AV 701	8:15	7:45	2	BOGOTÁ

1. El vuelo 105 de United sale a las _____.

   a. siete y cinco

   b. seis y media

   c. cinco

2. El vuelo que sale a las ocho y cuarto va a _____.

   a. Lima

   b. Buenos Aires

   c. Bogotá

3. Los pasajeros del vuelo 701 de Avianca pueden abordar el avión a las _____.

   a. ocho y cuarto

   b. ocho menos cuarto

   c. dos

4. El vuelo que sale de la puerta número doce va a _____.

   a. Buenos Aires

   b. Lima

   c. Bogotá

D Correct each false statement.

1. El taxi tiene una maleta.

_____

2. Él va de Miami a Buenos Aires. Está tomando un vuelo nacional (doméstico).

_____

3. Los pasajeros tienen que facturar sus maletas en la maletera de la línea aérea.

_____

4. Los pasajeros tienen que facturar su equipaje de mano.

_____

E Use each of the following in an original sentence.

1. hace

_____

2. pone

_____

3. sale

_____

4. trae

_____

Vocabulario ❷

A Indicate whether each statement is true or false.

	verdad	falso
1. El pasaporte es una forma de identidad oficial.	☐	☐
2. Es necesario tener un pasaporte para viajar de un estado a otro en Estados Unidos.	☐	☐
3. Antes de abordar un vuelo todos los pasajeros tienen que pasar por el control de seguridad.	☐	☐
4. Un vuelo que sale a tiempo tiene una demora.	☐	☐
5. Los pasajeros embarcan en el mostrador de la línea aérea.	☐	☐
6. Los pasajeros deben hacer cola para abordar el avión.	☐	☐
7. Los asistentes de vuelo trabajan en el aeropuerto y los agentes trabajan abordo del avión.	☐	☐
8. El avión despega al final del vuelo.	☐	☐
9. Los pasajeros pueden poner su equipaje de mano en el pasillo.	☐	☐

B Match the opposites.

1. _____ la salida   **a.** despegar
2. _____ embarcar   **b.** encima de
3. _____ el despegue   **c.** desembarcar
4. _____ aterrizar   **d.** con destino a
5. _____ procedente de   **e.** el aterrizaje
6. _____ debajo de   **f.** la llegada

C Match the words or expressions that mean the same.

1. _____ a veces   **a.** la puerta de embarque
2. _____ un retraso   **b.** es necesario
3. _____ embarcar   **c.** de vez en cuando
4. _____ una cola   **d.** una demora
5. _____ hay que   **e.** abordar
6. _____ la puerta de salida   **f.** una fila

D Give a word that is related to each of the following.

1. seguro _____

2. pasar _____

3. el embarque _____

4. tardar _____

5. salir _____

6. asistir _____

7. volar _____

8. despegar _____

9. aterrizar _____

10. proceder _____

E Write an original sentence with each of your words from Activity D.

1. _____

2. _____

3. _____

4. _____

5. _____

6. _____

7. _____

8. _____

9. _____

10. _____

Gramática

Presente de **hacer, poner, traer, salir**

A Complete with the correct form of the indicated verb.

1. Yo _____ un viaje a España. (hacer)

2. Yo _____ el viaje en avión. (hacer)

3. Yo _____ mañana. (salir)

4. Yo _____ del aeropuerto internacional. (salir)

5. Yo _____ mi ropa en una maleta. (poner)

6. Yo _____ ropa en mi mochila también. (poner)

B Form sentences using the expression **hacer un viaje.**

1. yo / a España

_____

2. yo / con mi primo

_____

3. nosotros / en avión

_____

4. mis hermanos no / a España

_____

5. ellos / a México

_____

6. ¿adónde / sus padres?

_____

7. mis padres / a México también

_____

C Complete with the correct form of **hacer, poner,** and **salir.**

1. Juan _____ la maleta. Él _____ una camisa en la maleta. Él _____ para Málaga.

2. Nosotros _____ nuestra maleta. Nosotros

_____ blue jeans en la maleta. Nosotros

_____ la maleta porque

_____ para Cancún, México.

3. ¿Tú _____ tu maleta? ¿Para dónde _____?

4. Mis padres _____ su maleta. Ellos _____ muchas cosas en la maleta. Ellos _____ su maleta porque

_____ para Miami.

5. Yo _____ mi maleta. Yo _____ blue jeans y T-shirts en mi maleta. Yo _____ la maleta porque

_____ para la sierra de Guadarrama donde voy de camping.

D Complete with the correct form of **tener** and **venir.**

1. Yo _____ mucha suerte porque _____ de Toledo, una ciudad fantástica cerca de Madrid.

2. Jesús y Juanita _____ mucha suerte porque _____

de Puerto Rico, una isla tropical en el mar Caribe que _____ playas estupendas.

3. Nosotros _____ mucha suerte porque

_____ de la Ciudad de México, la fabulosa capital de nuestro país.

4. Jorge _____ mucha suerte porque _____ de Quito, una ciudad colonial en los Andes.

5. Tú también _____ mucha suerte porque _____ de Acapulco.

E Form sentences in the present tense.

1. yo / salir / casa / ahora

   _____

2. mi hermano / salir / también

   _____

3. nosotros / hacer / viaje / España

   _____

4. mi hermano / tener / mucho / equipaje / y / yo / tener / mucho / también

   _____

   _____

5. en / aeropuerto / nosotros / hacer / cola

   _____

6. yo / traer / equipaje de mano / abordo / avión

   _____

7. asistentes de vuelo / venir / por / cabina / con / comida

   _____

   _____

8. nosotros / no / tener que / usar / máscara / de oxígeno

   _____

   _____

El presente progresivo

A Give the present participle of each verb.

1. volar _____

2. llegar _____

3. comer _____

4. hacer _____

5. salir _____

6. leer _____

B Complete with the present progressive of the indicated verb(s).

1. Nosotros _____ un viaje. (hacer)

2. En este momento, nosotros _____ a una altura
   de 10.000 metros pero el avión _____.
   (volar, subir)

3. Nosotros _____ los Andes. (sobrevolar)

4. Ahora el avión _____. (aterrizar)

5. Nosotros _____ al aeropuerto Jorge Chávez en
   Lima. (llegar)

C Rewrite each sentence using the present progressive tense.

1. Los pasajeros embarcan.

   _____

2. El asistente de vuelo mira las tarjetas de embarque.

   _____

   _____

3. Los pasajeros buscan su asiento.

   _____

4. Ponen su equipaje de mano en el compartimiento superior.

   _____

   _____

5. La asistenta de vuelo anuncia la salida.

   _____

6. El avión despega.

   _____

Integración

¡A leer más!

A Read the following ad for Copa Airlines.

Desde Buenos Aires a Norteamérica, Centroamérica y el Caribe en menos tiempo

Al viajar con nosotros a través del Hub de las Américas en Panamá, usted en verdad ahorra tiempo sin trámites de aduana o migración. Disfrute con nuestra nueva flota de aviones 737-700 de más vuelos directos y más conexiones.

En Copa Airlines volamos cada día mejor.

Copa
Airlines
Afiliada a Continental Airlines
www.copaair.com

B Answer based on the ad in Activity A.

1. ¿Qué línea aérea está anunciando sus vuelos desde Buenos Aires?

_____

2. ¿Adónde vuelan de Buenos Aires?

_____

3. ¿Dónde tiene su «Hub» la línea aérea?

_____

4. ¿Qué tipo de aviones tiene la compañía?

_____

5. ¿Cómo indica el anuncio que sus aviones son nuevos?

_____

C Explain in English.
The advertisement says there are some advantages to their hub. What are they?

_____

_____

A Read the following ad for Aeroméxico.

FT. LAUDERDALE - MEXICO
PAGA 1, VUELAN 2

DIARIO Y SIN ESCALAS
DESDE EL 6 DE OCTUBRE

Desde la Ciudad de México, Aeroméxico te ofrece convenientes conexiones a más de 40 destinos en México tales como Guadalajara, Monterrey, El Bajío, Aguascalientes y muchos más. Abordo disfruta de comidas y bebidas de cortesía y de un servicio amable que te hará sentir en casa.

Para reservaciones llámanos:		
50	33 40 10	
O consulta a tu agente de viajes		
	aeromexico.com	

AEROMEXICO.
La mejor forma de volar.

B Explain the meaning of **paga 1, vuelan 2** in the ad in Activity A.

_____

C Answer in Spanish based on the ad in Activity A.

1. What flight is being advertised?

_____

2. How frequently does it operate?

_____

3. Does it make a stop?

_____

_____

4. How can you make a reservation?

_____

5. What does the airline serve onboard?

_____

A Spanish shares a lot of vocabulary with the other Romance languages derived from Latin. Look at the expressions below in Spanish, French, Italian, and Portuguese. Notice how much you could understand at an airport in Paris, Rome, Lisbon, or Rio de Janeiro.

ESPAÑOL	FRANCÉS	ITALIANO	PORTUGUÉS
la línea aérea	la ligne aérienne	la linea aerea	a linha aérea
el vuelo	le vol	il vuolo	o vôo
el pasaporte	le passeport	il passaporto	o passaporte
la puerta	la porte	la porta	a porta
la tarjeta de embarque	la carte d'embarquement	la carta d'imbarco	a cartão de embarque
la aduana	la douane	la dogana	a alfândega
el destino	la destination	la destinazione	o destino
el billete (boleto)	le billet	il biglietto	o bilhete
el pasajero	le passager	il passaggero	o passageiro
el viaje	le voyage	il viaggio	o viagem

Read the following announcements in Spanish, French, and Italian. Do you think you would have any trouble understanding them if you were at an airport in Spain, France, or Italy?

ESPAÑOL
Iberia anuncia la salida de su vuelo ciento cinco con destino a Madrid. Embarque inmediato por la puerta número siete, por favor.

FRANCÉS
Air France annonce le départ de son vol cent cinq à destination de Paris. Embarquement immédiat par la porte numéro sept, s'il vous plaît.

ITALIANO
Alitalia anuncia la partenza del vuolo cento cinque a destinazione Roma. Imbarco immediato per la porta numero sette, per favore.

B Search on the Internet for airline signage, ads, or announcements in other languages. How much can you understand? List the words you understand and say what the language is.

_____

_____

Tarea

¡Viajamos!

Task Your uncle, Tito, is a writer for an international travel magazine and is going to South America. He has asked you to help him plan a PowerPoint presentation of the itinerary for a seven-day trip for high school students who are studying Spanish. The presentation of the itinerary must include places to stay, places to eat, attractions, etc., in each of the different areas that they will visit. It must also include a map showing the progress of the trip by dates.

How Research the information you need. Use the chart below to help you organize your notes for the presentation.

día 1	día 2	día 3	día 4	día 5	día 6	día 7

Use the information you placed in your chart to help you write the presentation.

- Check your sentences for the correct verb forms.
- Check all words for correct spelling.
- Check all words for the correct endings.

_____

_____

_____

_____

_____

_____

_____

_____

_____

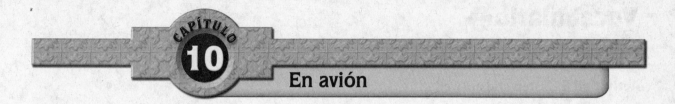

CAPÍTULO 10
En avión

Vocabulario ❶

Actividad A Listen and repeat.

Actividad B Listen and choose.

 _____

 _____

 _____

 _____

 _____

 _____

Actividad C Listen and choose.

	sí	no
1.	☐	☐
2.	☐	☐
3.	☐	☐
4.	☐	☐
5.	☐	☐
6.	☐	☐

Vocabulario ②

Actividad D Listen and repeat.

Actividad E Listen and answer.

Actividad F Listen and choose.

	sí	no
1.	☐	☐
2.	☐	☐
3.	☐	☐
4.	☐	☐
5.	☐	☐
6.	☐	☐
7.	☐	☐
8.	☐	☐

Actividad G Listen and choose.

1. _____ **a.** en el mostrador en el aeropuerto

2. _____ **b.** en la puerta de salida

3. _____ **c.** en casa

4. _____ **d.** en el control de seguridad

                    e. abordo del avión

Gramática

Actividad A Listen and answer.

Actividad B Listen and choose.

1. a b c

2. a b c

3. a b c

4. a b c

5. a b c

Actividad C Listen and speak.

Actividad D Listen.

Actividad E Listen and choose.

	sí	no
1.	☐	☐
2.	☐	☐
3.	☐	☐
4.	☐	☐
5.	☐	☐
6.	☐	☐
7.	☐	☐

Actividad F Listen and answer.

Actividad G Listen and repeat.

Conversación

Actividad A Listen.

Actividad B Listen and repeat.

Actividad C Listen and choose.

	sí	no
1.	☐	☐
2.	☐	☐
3.	☐	☐
4.	☐	☐
5.	☐	☐
6.	☐	☐
7.	☐	☐

Lectura cultural

Actividad A Listen.

Actividad B Listen and write.

1. distancias en Latinoamérica

_____

_____

_____

2. montañas en Latinoamérica

_____

_____

_____

3. el Atacama

_____

_____

_____

Lectura—Un poco más

Actividad A Listen.

Integración

¡A escuchar más!

Actividad A Look, listen, and write.

1. _____

2. _____

3. _____

4. _____

5. _____

6. _____

7. _____

Actividad B Look, listen, and choose.

1. a b c
2. a b c

Actividad C Look, listen, and answer.

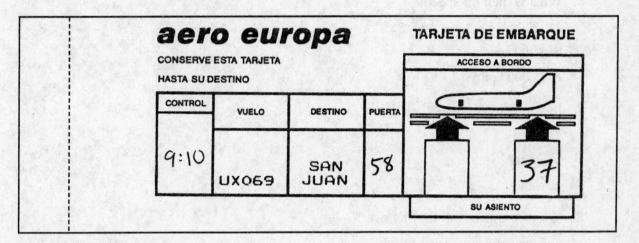

Actividad D Listen.

Actividad E Listen and choose.

1. Who is speaking?
   a. the pilot
   b. the flight attendant
   c. the airport announcer

2. What is the destination?
   a. North Carolina
   b. Caracas
   c. Buenos Aires

3. About how many hours is the flight?
   a. 7
   b. 9
   c. 12

4. At what time will they land?
   a. 9:10 A.M.
   b. 11:00 A.M.
   c. 12:20 P.M.

5. At what altitude are they?
   a. 1,100 meters
   b. 11,000 meters
   c. 111,000 meters

6. What is their air speed?
   a. 120 kph
   b. 1,200 kph
   c. 12,000 kph

7. In what direction are they flying?
   a. north
   b. south
   c. west

8. What countries will they fly over?
   a. Brazil and Uruguay
   b. Chile and Bolivia
   c. Spain and Portugal

9. How many flight attendants are on board?
   a. 12
   b. 18
   c. 20

Repaso cumulativo

Actividad A Listen and choose.

	saber	conocer
1.	☐	☐
2.	☐	☐
3.	☐	☐
4.	☐	☐
5.	☐	☐

¡Una rutina diferente!

¡Una rutina diferente!

Vocabulario ❶

A Match.

1. _____ despertarse   **a.** el pelo
2. _____ acostarse   **b.** en el espejo
3. _____ lavarse   **c.** por la noche
4. _____ peinarse   **d.** en una silla
5. _____ sentarse   **e.** temprano por la mañana
6. _____ mirarse   **f.** un suéter
7. _____ ponerse   **g.** la cara
8. _____ llamarse   **h.** los dientes
9. _____ cepillarse   **i.** en la cama
10. _____ quedarse   **j.** Felipe

B Write the word that means the opposite.

1. sentarse ≠ _____
2. derecho ≠ _____
3. acostarse ≠ _____
4. ponerse ≠ _____
5. frío ≠ _____

C Write all the parts of the body you can remember in Spanish.

_____   _____

_____   _____

_____   _____

_____   _____

D Rewrite, changing the italicized word to its opposite.

1. Ella levanta la mano *izquierda*.

   _____

2. Él no *se levanta*.

   _____

3. El muchacho tiene *frío*.

   _____

4. Él *se pone* el suéter.

   _____

5. Ella *se sienta*.

   _____

E Write a sentence about **Felipe** with each of the expressions from **Actividad A** on page 11.3.

1. _____

   _____

2. _____

   _____

3. _____

4. _____

5. _____

6. _____

7. _____

8. _____

9. _____

10. _____

Vocabulario ②

A Answer according to the illustrations.

¿Qué pone la joven en la mochila?

1. _____

2. _____

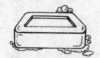

3. _____

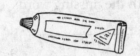

4. _____

5. _____

B Answer each question.

1. ¿Van de camping los jóvenes?

_____

2. ¿Qué llevan en su mochila?

_____

_____

3. ¿En qué duermen?

_____

4. ¿Qué dan por el parque?

_____

5. ¿Arma un muchacho una carpa?

_____

6. ¿Lo puede hacer solo o necesita ayuda?

_____

7. ¿Se divierten los jóvenes?

_____

C Express another way.

1. Él se cepilla los dientes con *pasta dentífrica*.

_____

2. Ella va a *montar* una *tienda de campaña*.

_____

3. Ellos *lo pasan bien*.

_____

4. Necesita *una pastilla* de jabón.

_____

D Complete with the missing word.

1. un _____ de dientes

2. un _____ de crema dental

3. un _____ de papel higiénico

4. una _____ de jabón

5. un _____ de dormir

E Write at least five sentences about a group of friends camping.

1. _____

_____

2. _____

_____

3. _____

_____

4. _____

_____

5. _____

_____

Gramática

Verbos reflexivos

A Complete with the correct reflexive pronoun.

1. Yo _____ despierto y _____ levanto enseguida.

2. Mi hermano y yo _____ levantamos a la misma hora.

3. Yo _____ lavo y luego él _____ lava.

4. Nosotros no _____ lavamos al mismo tiempo en el cuarto de baño.

5. Mis amigos _____ cepillan los dientes después de cada comida.

6. Y ellos _____ lavan las manos antes de comer.

B Answer each question.

1. ¿Cómo te llamas?

   _____

2. ¿A qué hora te despiertas?

   _____

3. ¿Te levantas enseguida o no?

   _____

4. ¿Te cepillas los dientes antes o después de tomar el desayuno?

   _____

   _____

5. ¿Qué te pones cuando tienes frío?

   _____

6. ¿A qué hora te acuestas?

   _____

7. ¿Te duermes enseguida?

   _____

C Complete with the appropriate words.

Yo _____ lavo _____ manos y _____ cara. _____ cepillo _____ dientes y
         1   2   3   4   5

_____ cepillo _____ pelo. Yo _____ pongo _____ ropa.
   6   7   8   9

D Rewrite with the new subject.

1. Me levanto temprano.

Nosotros _____.

2. Nos lavamos la cara.

Tú _____.

3. Ellos se miran en el espejo cuando se peinan.

Yo _____.

4. Ella se quita la chaqueta.

Ustedes _____.

5. Te pones el suéter.

Yo _____.

E Rewrite with **nosotros**.

1. Me despierto temprano.

_____

2. Me siento a la mesa.

_____

3. Me divierto con los amigos.

_____

4. Me acuesto.

_____

5. Me duermo enseguida.

_____

F Complete with the correct present tense form of the indicated verb(s).

1. Yo _____ y me levanto enseguida. (despertarse)

2. Mi hermana y yo bajamos a la cocina y _____ a la mesa. (sentarse)

3. Después de las clases, yo _____ con mis amigos.

Nosotros _____ mucho. (divertirse, divertirse)

4. Cuando yo _____, _____ enseguida. (acostarse, dormirse)

5. Y tú, ¿_____ enseguida cuando _____? (dormirse, acostarse)

G Answer each question.

1. ¿A qué hora quieres levantarte mañana?

   _____

2. ¿Vas a lavarte el pelo?

   _____

3. ¿A qué hora piensas acostarte?

   _____

4. ¿Van ustedes a divertirse?

   _____

5. ¿Quieren ustedes sentarse a la misma mesa?

   _____

H Complete with a pronoun when necessary.

1. Yo _____ llamo Paco. Y tú, ¿cómo _____ llamas?

2. Yo ___-___ llamo a mi amigo Alejandro.

3. Ellos _____ acuestan temprano.

4. Ellos ___-___ acuestan temprano al bebé.

5. _____ lavo la cara varias veces al día.

6. Una vez a la semana ___-___ lavo a mi perro.

7. Ella es muy graciosa. Siempre ___-___ divierte a sus amigos.

8. Todos _____ divierten cuando están con ella.

9. ¿Qué _____ pones en la mochila?

10. Hace frío. _____ pongo el anorak.

Mandatos con **favor de**

A Write a nice note to someone telling him or her five things to do. Start each sentence with **favor de.**

_____

_____

_____

_____

_____

_____

Integración

¡A leer más!

A Look at this list of camping and outdoor sports equipment.

DEPOR △CAMPING
DEPORTES + CAMPING »

Camping / Deportes extremos

- » Carpas
- » Mochilas
- » Bolsas de dormir
- » Caramañolas
- » Colchonetas autoinflables
- » Hornallas a gas
- » Cartuchos de gas
- » Linternas

- » Set de cocina y marmitas
- » Cuchillos
- » Termos y bidones conservadores
- » Mesas plegables
- » Sillas y catres plegables
- » Bastones
- » Accesorios
- » Relojes técnicos

B Write all the items from the list in Activity A that you already know or can recognize what they mean.

_____   _____   _____

_____   _____   _____

_____   _____   _____

C Match the following.

1. _____ folding chairs
2. _____ folding camp beds
3. _____ folding tables
4. _____ storage thermos and cans
5. _____ self-inflatable mattresses
6. _____ gas burners

a. mesas plegables
b. termos y bidones conservadores
c. colchonetas autoinflables
d. catres plegables
e. hornallas a gas
f. sillas plegables

En otras partes

Note that this advertisement contains some expressions that are used specifically in Argentina, Uruguay, and Chile.

Una hornalla is more frequently **una hornilla** or **un hornillo**.

Una caramañola or **una caramayola** is more frequently **una cantimplora** *(canteen)*.

Tarea

El horario

Task You've been having difficulty lately remembering what to do and when to do it, so at a school conference your parents and your Spanish teacher suggested that you should write a schedule of your daily activities at home and school. They want you to include the times, the activities, and where they take place. And of course your Spanish teacher sees this as the perfect opportunity to practice your Spanish!

How Use the chart below to create your schedule.

¿Qué?	¿Cuándo?

¿Dónde?	¿Con quién?

Use the information you placed in your chart to help you write the schedule.

- Check your sentences for the correct verb forms.

- Check all words for correct spelling.

- Check all words for the correct endings.

_____

_____

_____

_____

_____

_____

_____

_____

_____

WORKBOOK

Nombre _____ Fecha _____

¡Una rutina diferente!

Vocabulario ①

Actividad A Listen and repeat.

Actividad B Listen and choose.

a.

b.

c.

d.

e.

f.

1. _____
2. _____
3. _____
4. _____
5. _____
6. _____

Actividad C Listen and choose.

	sí	no
1.	☐	☐
2.	☐	☐
3.	☐	☐
4.	☐	☐
5.	☐	☐

Actividad D Listen and choose.

	sí	no			sí	no
1.	☐	☐		5.	☐	☐
2.	☐	☐		6.	☐	☐
3.	☐	☐		7.	☐	☐
4.	☐	☐				

Vocabulario ②

Actividad E Listen and repeat.

Actividad F Listen and choose.

_____

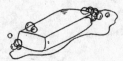
_____

_____

_____

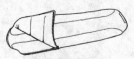

Actividad G Listen and choose.

	sí	no			sí	no
1.	☐	☐		5.	☐	☐
2.	☐	☐		6.	☐	☐
3.	☐	☐		7.	☐	☐
4.	☐	☐				

Actividad H Listen and choose.

_____

_____

_____

_____

_____

_____

_____

_____

Actividad I Listen and choose.

	sí	no
1.	☐	☐
2.	☐	☐
3.	☐	☐
4.	☐	☐
5.	☐	☐
6.	☐	☐

Actividad J Listen and choose.

	sí	no
1.	☐	☐
2.	☐	☐
3.	☐	☐
4.	☐	☐

Actividad K Listen and choose.

	sí	no
1.	☐	☐
2.	☐	☐
3.	☐	☐
4.	☐	☐
5.	☐	☐

Gramática

Actividad A Listen and choose.

	reflexivo	no reflexivo		reflexivo	no reflexivo
1.	☐	☐	6.	☐	☐
2.	☐	☐	7.	☐	☐
3.	☐	☐	8.	☐	☐
4.	☐	☐	9.	☐	☐
5.	☐	☐	10.	☐	☐

Actividad B Listen and choose.

1. a   b   c
2. a   b   c
3. a   b   c
4. a   b   c
5. a   b   c

Actividad C Listen and answer.

Actividad D Listen and choose.

1. a   b   c
2. a   b   c
3. a   b   c
4. a   b   c

Actividad E Listen and speak.

Actividad F Listen and speak.

Actividad G Listen and answer.

Actividad H Listen and repeat.

Conversación

Actividad A Listen.

Actividad B Listen and repeat.

Actividad C Listen and choose.

1. a   b
2. a   b
3. a   b
4. a   b
5. a   b
6. a   b
7. a   b

Lectura cultural

Actividad A Listen.

Actividad B Listen and write.

1. _____

2. _____

3. _____

Lectura—Un poco más

Actividad A Listen.

Integración

¡A escuchar más!

Actividad A Listen.

Actividad B Listen and choose.

	sí	no			sí	no
1.	☐	☐		5.	☐	☐
2.	☐	☐		6.	☐	☐
3.	☐	☐		7.	☐	☐
4.	☐	☐		8.	☐	☐

Actividad C Listen and choose.

_____ _____ _____

_____ _____ _____

Repaso cumulativo

Actividad A Listen and choose.

	en el presente	en el pasado
1.	☐	☐
2.	☐	☐
3.	☐	☐
4.	☐	☐
5.	☐	☐
6.	☐	☐